心映山魂

王纯信长白山非物质文化遗产田野笔记

王纯信 著

知识产权出版社

全国百佳图书出版单位

图书在版编目（CIP）数据

心映山峦：王纯信长白山非物质文化遗产田野笔记 / 王纯信著 . — 北京：知识产权出版社，2018.6

（长白山非物质文化遗产研究文库）

ISBN 978-7-5130-5381-5

I.①心… II.①王… III.①长白山—非物质文化遗产—研究

IV.① G127.34

中国版本图书馆 CIP 数据核字（2017）第 328627 号

责任编辑：王颖超　　　　　　　　责任校对：潘凤越

封面设计：金洪花　　　　　　　　责任印制：刘译文

封面摄影：曲成军　　　　　　　　封面题字：孙　盟

心映山峦：王纯信长白山非物质文化遗产田野笔记

王纯信　著

出版发行：知识产权出版社有限责任公司　　网　　址：http://www.ipph.cn

社　　址：北京市海淀区气象路 50 号院　　邮　　编：100081

责编电话：010-82000860 转 8655　　　　　责编邮箱：wangyingchao@cnipr.com

发行电话：010-82000860 转 8101/8102　　发行传真：010-82000893/82005070/82000270

印　　刷：三河市国英印务有限公司　　　　经　　销：各大网上书店、新华书店及相关专业书店

开　　本：720mm×960mm　1/16　　　　　印　　张：15.5

版　　次：2018 年 6 月第 1 版　　　　　　印　　次：2018 年 6 月第 1 次印刷

字　　数：175 千字　　　　　　　　　　　定　　价：88.00 元

ISBN 978-7-5130-5381-5

通化师范学院长白山非物质文化遗产研究文库

通化师范学院学术著作出版基金资助出版

吉林省优势特色学科民俗学研究成果

主　编　王　纪

副主编　张玉东　王　全

王宏硕　胡春达

序一
满族民间美术的开拓者——怀念王纯信教授

◎杨先让

任何一桩事业，必须由人去完成，人力和队伍至关重要。那么，对于中国民间美术的弘扬与开发来说，人力与队伍依然是关键。

"文化大革命"后，人们都在埋头填补失去的年月，我在中央美术学院版画系忘我地教学和创作着，未料被江丰院长点名调我出来创办一个"年画、连环画系"。这是他的革命学派未了心愿，实际很不合时宜。干了几年，虽然也培养了一批人才，但是困难重重。1983年我去美国访问了一年有余，在那里获得对民间艺术的启发，回国后便利用"年画、连环画系"这块阵地，改建为"民间美术系"，因为年画、连环画也都属于民间。就这样呐喊奔波了十余年。其实我对民间艺术完全是个门外汉，是被一种责任和现实逼到那一步的。

当时我的目光更多地是对黄河流域的中原地区民间美术的了解，后来对长江流域，尤其对苗族文化有点探索，而对东北地区的民间文艺一无所知。是王纯信对满族民间文艺的开发，打开了我的眼界，因此我对他一直抱着感激的心情。在后来的接触中，发现他是一位踏实苦干、执着纯朴的人，默默地在自己所在地区发掘、研究、宣传、扩展，并带动自己的女儿王纪一起创立了一片天地，成绩显著。

2010年中国民间工艺美术专业委员会第26届年会在通化市召开，那是王纯信教授的根据地。我主动要求参加，目的是想与近20年未见面的他相聚。

我们受到他与女儿的热情接待，参观了他俩开辟的研究阵地，进一步对王纯信教授有了更多的了解。

看来我们的经历有点相似，都是出于一种对自己祖先所创造的民间艺术的责任和使命。我也带女儿杨阳进一步去探索、研究而不能自拔，从而对自己原来的绘画创作专业有所舍弃，并无怨无悔。

在短短几天相处的日子里，我深深地被他那不张扬且谦虚的精神所感动了。他是由衷地、情感真挚地与女儿携手，忘我地带动着一群同路者耕耘着，不断去发现新的视野，进入新的研究领域。

当今，在中国研究民间美术的队伍中，王纯信教授无疑是一位富有独创性的学者。

王纪寄来纯信的文稿，计划出本文集，希望我写点什么。我翻阅着，内中竟有写我与他相交的一篇，读后令我久久不得平静。

敬爱的纯信老弟，我只能以这篇短文，寄托我对你的哀思了。

2014 年 3 月于北京回龙观上尚艺苑

序二
永恒的贮存——纪念王纯信先生文集出版

◎曹保明

　　有一些地域，只要你到那里去或想到那里去，往往总是会想到一些人，或者他们做过的一些事，甚至那些人的声音、面貌，会立刻响起或出现，他们所做过的事，便会清晰如昨。如果这是一些小地方，往往也就罢了，如果这个地方是一个巨大的或极其重要的地域，那么这个人，该会是一个什么样的人呢？如今，我已经养成了一个固定的习惯，只要我到长白山去，或者往长白山方向的几个地方：通化、白山、抚松、松江河、漫江……我都会不知不觉地想起王纯信这个名字。

　　其实，王纯信生前不过是通化师范学院的一个普通美术教师，尽管他住在长白山怀抱里的通化，可是，住在、生活在那里的人很多呀，为什么我偏偏会对他产生这样的感觉？我多次这样问自己，但我也找不到更多、更直接的答案。我问了许多人，他们也有我这样的感觉。终于，我们共同悟出了一个理由，那就是这个人其实已与那个地域、那片土地融汇在一起，不太好区分了。他成了那里的一个符号，并且不是简单地融入，而是心、身、影、思、情，统统地、立体地融入。或者从前，他自己可能还全然不觉，这是因为他在自己的生活中已经长期地、不知不觉地把他对这片土地的情深深地贮存在土地的结构中了。结构，就是那片土地的细节，所以他自己所做的一切，都仿佛很平淡，平淡到人们还都不知不觉，那就是人心灵的一个伟大的约定。他的女儿王纪（已经接替了父亲事业的学者）告诉我，王纯信那段时间发现自己走路不稳，家人带他去医院检查发现患脑肿瘤，立刻决定去长春治疗。由于病情严重向王纯信隐瞒了实情，他虽然不知道真相，却意识到问题的严重性。当晚，王纯信镇定地写下了遗嘱。次日，他把孩子们召集到身边，宣读遗嘱，其中明确写道，他历经多年收集的民间美术藏品，日后只可充实，不得变卖……

通化师范学院是一所综合性大学，坐落在长白山的腹地。王纯信在这里开创了美术系，他最常规的工作和活动就是教学和写生。他常常利用节假日进山去，仔细观察长白山的花呀、草啊、河流、峡谷、人物和山民生活，然后写生。有一年的假期，他和往年一样，背起一种和山民一样的草筐，里面装有粮食、小被、狍子皮，以及一把防身并随时可在乱草中开路用的小镐，当然还有他写生用的画板。这一次，他决定往长白山深处走，他想到达那些平时人们不易到达的长白山深处，找一找人们还没有见过的长白山内容。他从松江河下了火车，然后就进了老林子……

他一直朝西南方向走了五天，见啥画啥，渴了就喝口山沟里的山泉水，饿了就吃筐子里背着的大煎饼，夜里如果遇上山民人家就进去住上一宿，如果遇不上人家，便就地"打火堆"。别看他已是大学教授，可他的生存本领不亚于那些祖祖辈辈在山里生存的山民。他有一种探险意识，就是去寻找和发现史籍中没记载过的地方。那一夜，他就宿在一个山沟子里。天快亮时，他突然隐隐约约地听到晨雾升腾的老林子里传来了鸡叫。他心里一阵高兴，前边一定是有人家啦。等晨雾渐渐淡去他才发现，原来自己已来到一个小山村的边上了。

这是一个无与伦比的小山村，只见家家户户的房子都是以大树堆起来的（山里人叫木嗑楞），而且烧火用的烟囱都是一根根空心大树，就连房上的瓦都是木瓦。那时正是秋天，人家院子里草编的鸡咕咕（鸡窝）上攀爬着牵牛花，木烟囱和木杖子上爬着豆角秧，一串一串的蘑菇挂在木瓦屋檐下，金黄的玉米堆在狗窝和大酱缸边上。这一切，有点像普希金童话里的一个神奇的地方。只可惜，村子里静静悄悄的，许多人家都已经搬迁了，青年人进城打工去了，许多空房子由于无人住，已渐渐坍塌、腐烂、歪倒。牛，哞哞地在山坡上叫着，可是放牛人不知到哪里去了，只有两伙烧木炭的占据了一些空房住下来。他们修起土窑正烧炭，古窑青烟，升上小山村的晴空，给这位搞美术的大学教授带来一种十足的写生欲望。他以敏锐的目光，去捕捉着这座大山里的小山村各种独特的细节，他立刻支起画板，画了起来。

人生的许多思维，有时会突然产生一种转换，这是一个人的久远的生活积累、文化积累的结果。就在王纯信以敏锐的目光去捕捉大山小村的细节入画时，突然，他的脚下由于支画架，木棍一搓土，地上出现了一小块锈迹斑斑的小铁片。原来，那是一片高度腐烂的陈旧的锯片。其实，在一个森林的怀抱里出现旧锯片也是常事，可他，突然慢慢停住了作画。

他停下了画笔，陷入了一种思考。他想，难道我们这样将眼前的这些独特的自然生活以素描的方式记录下来，就完事了吗？而且，这一小块渐渐腐烂的锯片在告诉人们，这是一个正在消失的村落，就算我再能写，再能画，也留不下它，它迟早要消失殆尽。到那时，我画再美的画，也只能是一种苍白，人们将再也看不到这个真实的小山村的真正的生动存在了……

那一夜，他躺在村里人家的火炕上，怎么也睡不着，一宿没合眼。

王纯信做民间美术理论研究，人类美术史告诉他，谁的生命也走不到生命希望的尽头，与真正的生命有关的只有去追求与生命有关的理论，让消失减缓，或者停止，但这只能是有为的人的理想的远征。可是，千百年来，人们总是想搞明白人自己的前世今生，可未来总是在无限的以后等待人类，为什么我们不能改变它？让未来在当下定格？别再等了！其实未来就在眼下，应该开启心灵追求理想的远征啦。

当王纯信做出了一个超乎于人们想象的决定的那一刻，我想，如果梵高活着，他也会在王纯信的绘画作品及著作《萨满绘画研究》《萨满剪纸考释》中读出本原哲学的光芒，这是他对生活在这片土地上的人与自然在相处与对抗中形成的宇宙观（文化）的思考，不能等待未来的唯一的心底的承诺，而是动手去实践，去进行那十分渺茫的理想的远征。他决定拼下自己的老命也要保留下长白山里的这濒危的孤村！王纯信决定要像张骞那样，来一次思想的远征，身后的一切，就如当年张骞离开长安城，终于看不见了；但张骞明白，自己要去往的是西域，而他要努力奔往的前方，其实那时一片渺茫。

20 世纪 80 年代，我国社会正处于转型期，农耕文化向城镇化转型，工业革命向工业文明转型，到处都是拆呀、扒呀、迁呀、毁呀。当年，这是一股巨大的社会潮流，生活中还很少有人去想到未来，思考未来。

而且，王纯信也明白，以他自己的能力，就是有三头六臂也拯救不了这个可怜而珍贵的小山村。正好在长春的一次会上，他通过一个朋友见了吉林省副省长杨庆才一面。他决定去试试，求杨省长帮忙。可是，给人家省长写材料，得有详细的调研哪！

二三十年前的长白山里，交通极其不便。从通化到达那个小山村，要在晚上乘从长春发往二道白河镇的一趟慢车，半夜到达松江河站，先找小旅店住下，等天亮后再走60多里奔长白山西南坡的这个小村子。那时，今天与通化市挨着的白山市叫浑江，松江河只是林业局所在地，而那个小村在松江河林业局的胜利林场边上。大多数时候他步行前往，有时会等林业局的森林小火车到来，再搭上伐木人的小火车进去，所以就连小火车司机都认识他了。有时，林业局运木材的森林小火车发现他了，也就停下来，让他上来，拉他一段。他挂着一根棍子，背着一个篓子，戴着一顶草帽穿越长白山老林的形象，已形成了长白山的文化符号。

山里人已熟悉了他的形象，称他为一个进林子里来寻找老物件的人。他的样子和打扮，就和山里的山民一样，不一样的是他背着的筐里采的不是山林里的蘑菇，而是森林村落里生活中的老物件，那都是些陈旧的、散发着久远岁月气息的物件，是山民和林场工人家小仓子里要扔还没来得及扔的"破烂"……

他穿越长白山老林的年月，正是长白山民间文化迅速消亡的时候。他把猪槽子、鸡咕咕（鸡窝）、葫芦瓢、装煎饼的木桶、养蜂人的蜂帽、闯关东人家的破袄、哄孩子睡觉的悠车子、糊着窗户纸的破窗栅、大姑娘叼的大烟袋、老辈子人留下的枕头顶，统统地从长白山背回了师范学院。过去，人们对长白山的认识除了对其自然特征清晰外，对其文化，往往还是笼统的，是王纯信使人们对长白山文化的了解具体起来。

无冬历夏，他已熟练了乘坐那趟唯一的森林慢车，火车去往二道白河，要慢慢地爬山，要再加上一个火车头，两个火车头一前一后推拉，火车爬坡发出的吭哧吭哧的响动，已贯穿了王纯信的整个脑海。深夜才能到达的松江河车站，有时就下了他一个人，孤零零的站台，只有一盏灯在闪着微光，还有就是孤零零的他。

有一次，他上午去一个就要迁徙的林场村落里背回了一些老物件，还有几件实在拿不走的，就先贮藏在林子里。下午他又要出发，森林木材检查站的人告诉他，暴风雪要来了，最好别进去了。他根本不听别人的劝阻，一意孤行地走进去了。

天，渐渐暗下来，长白山的暴风雪突然刮起来了，是那种伴着山口的狂风一起到来的风雪，刹那间天昏地暗，连野猪都要躲避呀！正好那天松江河林业公安局的王局长值勤路过木材检查站，他问值班的人有人进去吗？检查站的人告诉他："有哇！"

"谁？什么人？"

"就是那个总进山去寻找故事、往回背破烂的教授！"

"可你没告诉他，暴风雪要来了吗？"

"告诉了！他不听！他说万一他放在林子里的老物件被雪埋上，会后悔一辈子！"

王局长听说是那个出了名的寻找老物件的老师进去了，立刻带领几个值夜班的站警，迅速钻进了老林。这件事，还是后来我和师院的刘彦臣老师亲自到漫江镇调查长白山文化时听说的。

那次，亏得王局长他们及时返进老林，当在暴风雪中发现王纯信时，他已被大雪埋住，冻昏了！可他的怀里，还紧紧搂抱着好几个闯关东人家早期使用的老葫芦瓢！

还有一次，他搞村落调查，忍饥挨饿时吃了一些蘑菇，结果肠胃炎犯了，被抬进松江河林业局医院抢救。等子女赶到医院时，王纯信的第一句话却是告诉子女，他背回的那些老物件在医院的床底下呢。"特别是有一件，可能是炕琴玻璃上的画，非常奇特，可能是一个老艺人的手艺。"他细心地交代女儿。

从山里回来后的不几天，王纯信突然"失踪"了。说他"失踪"，其实他留下一纸条，说上湾沟的回头沟去看望敬老院里一个会讲故事的老爷子，第二天回来。可是，他离开家已经三天了，还不见人影。女儿王纪他们急了，赶到湾沟林业局敬老院。院长却说他昨天就回去了。啊？王纪这回可吓傻了，因湾沟周边全是原始老林，那是一处处被称作干饭盆的地域，许多熟悉这种地域的山里人都经常"麻达"（迷路），而且那时又到了雨季，人进山极易出事！王纪再也顾不上多想，赶紧找来家里人，再加上湾沟敬老院的几个年轻人，他们顺着王纯信离开的那条进山小道，往干饭盆里追去。终于，碰上了一个放牛的人，说昨天头晌有一个背篓子的人过去了。他们顿时头皮发麻，立刻沿着放牛人指点的山路往林子里寻去。此时，日头快落山了，家人们站在一块大石头上，冲着茫茫的长白山林海呼唤起来。其他的人也一起喊："王老师——！您在哪儿呀——！"

可是，四周的群山只是一遍遍地不停地重复和回荡着"您在哪儿呀"的回声。那声音渐渐地消失在茫茫的长白山的尽头。是尽头遥远？还是遥远才是尽头？

其实无论是自然还是人生，并非只有遥远才有尽头，面对一个不停去追寻理想的生命，尽头只是个段落，以想象的烛火让追求的火焰不灭，而唯一的未知是无尽。后来，大家判断对了，王纯信真是走"麻达"山了。他先是采访时从湾沟敬老院里听人说后山靠近露水河的砟子村里有一个会剪纸的老太太，就如他不断地发现了侯玉梅、倪友芝一样，他听风就是雨，立刻就要去。那时他本来应该等那趟慢车到达，可是火车已过去了，再等下一趟得夜里，他舍不得那几个小时宝贵的时间，想抄近道，结果迷失在湾沟一带的干饭盆里了！多亏儿女们和大家的呼叫，王纯信按听见声音的方向又摸了回来！其实那时，他完全走错了方位，按着他的走法，是奔柳河的哈尼甸子去了。

面对奔波的父亲，面对脑子里总想着长白山文化的父亲，面对为了他心里这片乡土文化不再消失从来不顾自己命的父亲，孩子们眼里常常会含着大颗的泪花。王纪曾经对我说，直到今天，他们也概括不了自己的父亲，尽管今天通化师范学院里有专门的王纯信博物馆和纪念馆，尽管人们也说王纯信是大师，是大家，但究竟父亲是美术学家？是教育家？是民俗学家？是文化学家？是人类学家？还是非物质文化遗产学（那时中国还没有使用这个名词）家？人们一时还无法对他有一个明确的定位，他究竟是哪一领域的专家学者呢？

其实在那时，包括在今天，也包括未来，我们去概括王纯信先生是什么"家"，已不重要，也没有必要再去概括，也概括不了。他就是王纯信，一个被自然和历史所浓缩的人。他把一个真实、生动、活态的长白山带给人类。

　　他没完没了地往返于深山与城市之间，家，从此只成了他过往的驿站。终于，他调查清楚了那个村落的情况，并亲自起名叫"木屋村"。他把自己的调查材料转给了副省长杨庆才，使这个村落终于得到了有效保护，这就是今天长白山深处的锦江木屋村，从前因旁边一座山叫孤顶子，所以它从前又叫孤顶子村。是王纯信发现了它，才使这个充分散发着大自然原色文化气息的传统村落留了下来。21世纪初，全国已全面开启了对中华民族优秀传统村落的申报推荐，孤顶子木屋村第二批（吉林省没有第一批）进入了国家保护视野，并成为中国50座最美的传统村落、全国典型的记住乡愁村落。当一顶顶桂冠、头衔，戴在这个大山里的古朴村落头上的时候，王纯信却由于劳累过度，那恶病的病根早已落下了。可是，他为人类留下了一处天然的去处，一处生态净土，一处文化净土，当然，还有无数的长白山的独特的文化细节。

　　王纯信先生是将他一生精确的文化思维细细地切割开了，他把自己变成了无数个王纯信，然后撒向对地域文化追求的茫茫的天路，包括他领着的融进他血缘、思想、文化与精神的儿女们，那与父亲一样的王纪、王全，他们都是他精神被精细切割后的传承的精灵，传承着父亲的指向。当然也包括我们熟悉或不太熟悉王纯信的人。因为人们清清楚楚地看到了他追求文化与理想的过往。

　　追寻人类理想的过往，没有尽头，尽头其实只是人类生命在追求一种理想的路上自己给自己的一个虚拟的标识，可王纯信，许多人跨不过这个标识，他跨越了自己的标识。

　　十九年或二十九年前，我和许多人对王纯信的判断都一致，觉得他是中国高等院校一位普通的兢兢业业的美术史教授，由于教学、写生，他开始接触自然与生活。美术，应该是他的本业，可是突然间，人们发现他跨越了无数定义，他站在美术的领域里，却毅然地摆脱了美术的平面视觉，在他的眼里，他发现和感觉到了美术的精髓里还应该包含着更多的内涵，他是以一生的追寻在不断地问自己，这内涵究竟是什么呢？

　　也可能，在近半个多世纪的光阴中，许多人都发现过那个深藏在大山里的孤零零的村子，可是，包括那些来这里写生的画家、艺术家，还有许许多多的人，他们或深或浅地打量过这里，可是，各取所需之后，一个个的起身走啦！

历史的时空里，只留下一个人，他站下了……

严冬，当大东北的风雪，刮倒多少千年大树，可他，却沉思地打量着这个孤零零的村落，从此再也不肯轻易离开；夏季，长白山狂暴的风雨，无情地洗刷着老林的山顶和峡谷，可他，沉稳地穿行在无边的雨幕中，怀里紧紧地搂抱着木屋村一块块被泥流冲下的一片片古老的木瓦；秋天，山林一夜间落下了酷霜，他和村落里的山民们以躯体遮挡住房顶上的"霜道"，不让那无情的寒霜冻坏了村落小仓房里的一串山辣椒……

王纯信先生啊，你把自己的精神和理念，切割成无数细片，深深地把血脉和生命，融进了文化的大长白，自然的大长白，历史的大长白，人文的大长白。你开始是以一个美术家的目光去打量这个世界，可是后来你终于选择了一种质的跨越。你从美术学，进入了民俗学，民族学，宗教学，社会学，地理学，文化人类学，等等，你已不属于一个领域，所以你才有自己的文化发现。本来，一切文化发现，都开启于一个具体，可是接下来的文化定位的产生，都是人精神境界的到达，那是一个生命最崇高的地位和品质的最后的到达。

"地变天荒终未知，独听风纸写相思。高楼秋夜灯前泪，异代春闺梦里词。绝世才华偏命薄，戍边离恨更归迟。文章我自甘沦落，不觅封侯但觅诗。"这是清代女诗人陈端生《再生缘》中的诗句，讲的是古时孟丽君女扮男装中状元做宰相的故事，诗人写到十七卷未完即故去了。王纯信先生以自己永恒的追求，为我们和人类留下了一个巨大的文化贮存，长白山文化的活态贮存。

写下以上的话，是为序。

2018 年 3 月 29 日深夜

写于浙江杭州天元大厦 2301 房间

序三
大爱无声

◎王纪

    我的父母能走到一起，是因为在那个年月，他们都是出身有问题的大龄青年。我年幼时父亲在文化馆工作，收入不多，家中困难，为此母亲去饭店工作以添补家中口粮。为了省一点钱，连自家房屋建筑和修缮工作都是爸爸、妈妈和舅舅自己动手。父亲第一次上房换瓦，便从梯子上跌落，母亲心疼得再不准爸爸干活，从此成了一个名副其实的"女汉子"。父亲虽不善这些活计，但他对于事业的钻研用心让母亲感动不已，五更鸡叫，父亲起床伏案看书画画，母亲在他身旁操持家事，做饭洗衣。

    过去父亲出差下乡调研、写生、开会、举办展览是常有的事儿。在这些不短的日子里，母亲要照顾姥爷和我们三个的学习，还要工作和操持家务。而父亲在家的日子客人也总是络绎不绝，有画家、书法家、作家、诗人，也有很多农民。侯玉梅、倪友芝、于凤贤、陈维珍等都是家中的常客，我还记得侯玉梅每次进城都要在我家住上几天。父亲的学生们也常常来我家请教，父亲便会留他们在家中吃饭，家成了一个不收费的小饭馆。直到今天，这些学生每每回忆起那段日子，印象最深的就是母亲的酸菜汤，任凭这天下桃李四海闯荡，也再没有一碗酸菜汤比得过当年这般滋味了。

    每年的大年初三是家里最热闹的一天，艺术界同道从四面八方赶来，只为这久违的情谊和坦诚的交流，席间与其后的笔会，大家畅谈艺术、谈理想、谈工作，用笔墨在洁白的宣纸上切磋沟通，不时伴随着欢歌笑语……这就是我对于过年、对于父母、对于家的最早的记忆。

    童年的生活是一件衣服要从姐姐传给哥哥，哥哥传给我，我穿小再传给两个表弟。生活虽然有些清苦，但家里的艺术氛围却让我开心快乐。爸爸下乡总喜欢带上我，这让生活在城里的我对民间的人和物有了情感上的认知，对民间的喜爱由心而生。正因如此，我在中央美术学院读研时选择了非物质文化遗产与民间美术作为专业，在那里学习的知识总能让我想起童年的生活及与父亲在一起经历的田野工作。

对我影响最大的是人类学课，从这门课程中我知道了人类了解自身体质、了解自身文化的方法，知道了 20 世纪初人类学方法进入中国与本土文化结合，形成了具有中国特色的人类学方法，知道了人类学家所从事工作的重要性和意义所在。

从那以后我开始用人类学的眼光看待东北，看待家乡，看待我的父亲。东北最早从事人类学工作的是凌纯声先生，1929 年，他对松花江下游的赫哲族进行了为期三个月的调查，口述、测量、手绘、拍照、收集实物，他展开了东北人类学调查的历史画卷。踏查长白山，清代刘建封可以算是第一个深入长白山做实地调查的人类学家。而父亲是在农耕文明向工业文明的转型期，最早从事长白山非物质文化遗产调查研究保护的文化人类学家。他用双脚丈量这里的一草一木、一山一石，用文字、相机、画笔记录下这里的民风民俗，他为文化的保护大声疾呼，因此有了今天长白山满族剪纸、刺绣、草编等 20 多个即将消失的文化进入人类、国家、省、市非遗保护名录，才有了今天的吉林省萨满研究会。

父亲对人的关注胜过一切，他最放心不下的是山里人的生存和发展。他为长白山最后木屋村落的保护奔走疾呼，为背着煎饼上学的山里孩子撰写文章，为新发现的人才：民俗收藏界新秀庄鹏、优秀艺人倪友芝、侯玉梅、逄焕兰、王和静，撰文助力……本书便是他生命历程点点滴滴的汇集。

在常人眼里，父亲是师长，是伯乐，是学者。对于我，他是一个慈祥的老者，是我敬重的父亲。

无论学术还是品格，他都不愧为我一生的追随与榜样。如今父亲仙逝，母亲神志也日渐模糊混沌，但我每每回想起儿时简单纯粹的快乐，回想起那时候艺术的自由与快活，总会感觉心中一股闪闪发光的暖流，这是我的家留给我的财富，也是留给世界的财富。它将伴我一生，砥砺前行。

谨以此书献给默默支持、操劳家事的母亲，以及为长白山文化操劳病逝的父亲。

目录

学者印象

田野考察

踏着雪团，跌落深谷

长白山，历史上不同时期有不同的称谓。先秦时期称之为不咸山，至金代时因终年积雪，望之皆白，始称长白山。

冰雪是长白山的灵魂，发祥于长白山的满族先民就在这冰天雪地里，打猎、伐木、砍柴、征战，创造了适应冰雪生活的物质文明，如木屋、靰鞡、兽皮衣物等；同时形成了独特的审美习俗——色尚白，认为白色吉祥、红色凶险。所以满族人家祭祖的挂签是白色的，结婚用的幔帐轴穗、幔帐套都是白底子，穿光板的皮毛衣裤……

长白山是个神秘的地方，清代皇帝乾隆专程来长白山祭祖，因当时的条件无法登山，改为遥祭。直至清末，安图县令刘建封率队踏查长白山，历尽艰辛，登上顶峰，得见长白山的真容……

长白山，9 月份即下雪，10 月份就大雪封山了，积雪有几米厚，无路可走。直至 20 世纪 80 年代，冬天仍然无法进山，许多长白山之冬的照片，都是在飞机上拍的。长白山顶上的气象站，一到秋天，就开始贮存一冬的食物，在漫长的冬天里只能靠电报与外界联系。

随着我对满族文化的研究，产生了对白雪的崇拜，一心想着登长白山、看冬雪，这在 20 世纪 80 年代真是一种奢求。

真是机遇不负有心人。1985 年 4 月，我听说通化地区滑雪队要进长白山冬训，就去找地区体委主任邹永久。我们在"五七"干校共同工作好几年，颇有交情。他痛

神秘的长白山
周縣／摄

快答应了，并承诺进山、出山、住宿、吃饭都由滑雪队安排。与我结伴出行的还有通化电视台的记者纪仁敏。

4月4日出发，从通化乘火车至松江河下车，换乘敞篷汽车去长白山。路上的积雪很厚，行至山门，带轮子的车走不动了，大家又坐上了由履带拖拉机牵引的一个大爬犁。爬犁是满族先民创造的在冰雪上行走如飞的交通工具。

滑雪队训练基地在离瀑布下面约5公里处，有一排木嗑楞筒子房。屋中央横卧着一个大油桶改成的火炉，木柈子不停地往里扔，炉火熊熊。屋外冰天雪地，屋里温暖如春，我们和运动员住在大通铺上。

第二天，滑雪训练开始。我独自拿着速写本，挎着照相机在附近画速写、拍照片。刚下过一场雪，树挂低垂，背衬高海拔特有的蓝天，真是绝伦的美色。滑雪队教练赵石录告诉我，千万不要离开这条路，否则会很危险。

下午，我一个人沿着路往瀑布方向走。雪越来越深，一开始没膝，再往前走，就没大腿了。已看见瀑布了，冬水常流，流水在一个冰壳里下泻，较夏日的水小了许多。不能再往前走了，就拍了几幅照片。我带的是只有标准镜头的日产雅西卡相机，瀑布拉不过来，只得如此。

路边是一条河，瀑布的水在火山崖中穿行。我想拍下这白雪黑水的画面，就离开了大路。我走到离雪岸还有约一米的地方，正要拍照，可怕的一幕发生了！我脚下的积雪突然崩塌，我站在雪团上一下子跌落到深谷的河中。神奇的是，因脚下是雪团，又垂直下落，我竟直立站在雪团上，没有跌倒，也没受伤。我往上看，大吃一惊，由于风吹的作用，雪岸向前伸展，我站的地方离河一米远，其实已站到了河道的上方了。4月，雪已疏松，承受不了一个人的压力。这突如其来的事倒使我脑子清醒，顾不上害怕了。怎么办？爬上去吧，是不可能的，河岸的火山岩被水冲洗得十分光滑，有三米多高。喊吧，没有用，这儿就我一个人，能听到的只有风卷白雪的吼叫声。

白山黑水
周繇／摄

4

这时我脚下的雪团已被河水冲走，我就站在了水中。4 月是枯水期，河水不深，只没脚脖，水也不算凉。我当机立断，顺水往下走，果然走出约 100 米，河谷已很平坦，顺利上了岸。我的照相机是挂在脖子上的，所以没有受损，竟将在深谷中所见拍了几幅照片，在往回走的路上又拍了多幅照片。

回到驻地，讲了我的历险记，大家十分惊讶，真是太险了。赵教练给我找来一条运动裤穿上，我的棉裤、鞋放在火炉旁烘烤。

为了拍摄长白山冬雪的这次惊险经历，更加深了我对长白山的崇拜、对白雪的钟情。

长白山天池瀑布
周绦 / 摄

起步于20世纪60年代的
"田野考察"

"田野考察",是社会学、人类学、民俗学的一个术语,就是学者要到"田野"——民间、大众中、农村中去了解、调查、研究各种人群的生产、生活、信仰、崇尚等。

农耕文化是中国民间文化的主流,由此延续至今的非物质文化遗存大多来自民间、来自农村。

到农村去,到民间去作田野考察,是艰辛而长期的工作,我是在城市长大的,对长白山区民间美术的研究得益于自20世纪60年代起深入到广大农村的多方面的田野考察,只是当时还没有这个词汇、这个概念。

一、蹲点包队

我于1958年从通化中等师范学校毕业,分配到师范附小当美术老师。1960年12月,调到通化市文化馆从事美术工作。报到的第二天就随关凤岐馆长及文艺组的潘润海、范宝仁等下乡了。那时要打着背包,自带行李。那个年代,重点工作在农村,机关干部、文化干部常年在下面。

文化馆的几个人分工在金斗公社湾沟子大队蹲点,住在队部的大长炕上。那时是食堂化,农民一年四季三顿饭到食堂打饭,端到家都凉透了。那年月粮食不够吃,要吃"代食品",就是将苞米窝用石灰水沤成淀粉、把苞米骨子碾成粉、把榆树皮磨成面,真是咽不下去呀!干菜、野菜那是上等食品。下乡干部要与农民同吃同住同劳动，也吃这些"代食品"。有一天在湾沟子召开食堂化现场会，准备了一大锅小碴子粥，随便喝，我一连喝了七八碗，肚子已鼓鼓的了，嘴还想喝，最后跑到院子里全吐了。

春耕时，早5点天刚亮就下地了，干了半天，一看表才7点多钟。农民饿得受不了，种苞米时就抓一把苞米种放嘴里嚼，种大豆的就吃豆子，我这才体会到"吃一百个豆也不嫌腥"的含义，因为生豆子是很腥的。有一回春天种大豆，有百十亩，队里派了20多人下地，社员刘明芳和队长提出抽两个人去抓鱼，再挖点野菜，中午熬一锅汤大家喝。于是刘明芳和我拿一把小抄网去小河里抓鱼，我拿一把锄头在河的上游挠，他操网在下游挡，真抓了不少小鱼，什么柳银子、泥鳅、沙古鲁子，甚至七腥子都有。另两个妇女去采野菜，碰上什么采什么，如四叶菜、大叶芹、猫爪子、婆婆丁。中午在地块附近的人家，点火煮了一大锅"山鲜汤"——河鱼、野菜，还有几把大豆种。大家喝汤就各自带来的大饼子，一边吃一边嬉戏耍闹，一些半大小子、姑娘、媳妇在地上滚成了一团，这就是民间的文化娱乐。这时候，我们插进来一段"新文化"：读一段报纸，再由老潘来一段快板书，再唱一段二人转。我则一直拿着速写本不停地画，这山、这树、这人都是我的模特。

我的速写本32开大小，衣服兜装不下，就在衣服里面另缝一个专装速写本的兜子，随时掏出来就用。当时生产队都在队部开会，老年人坐在炕上，围着火盆抽烟。小青年站了一地，我一一速写。重阅这些50年前的速写，令我吃惊，我画的小青年当年都头戴狗皮帽子，脚穿靰鞡，腰后挂着一付"手闷子"，老头的大烟袋、各色的烟口袋……这些当年随处可见，如今都荡然无存了。这些速写记录了当年的民风民俗，真是好珍贵呀！

　　文化馆和生产队两个单位关系处得很密切，张队长为人厚道，主动提出："如今困难，粮食不够吃，城里也一样。来年春天，生产队给你们一块山坡地，种大豆，你们来人干活，我们帮忙，秋天就有吃的了。"文化馆全馆总动员，轮流来湾沟子种豆子，从春忙到秋，生产队出牛出犁杖，我们都是"学徒"。农忙时文化馆来了十来个人，在复员军人老孟家建立了小伙房，由文艺组的向四吾专管伙食，她是湖南人，做什么菜都放辣椒，连

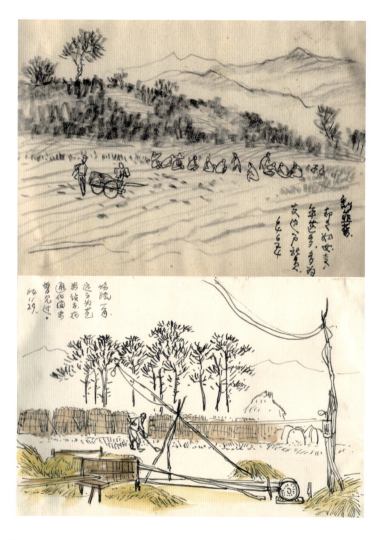

速写《割韭菜》
1964 年 6 月 24 日

速写《场院一角》
1964 年 11 月 29 日

熬的稀饭里也放。当时文化馆的年轻人在关凤岐带领下，张天录、赵石禹、鲁璋、潘润海等都争先恐后参加劳动，我负责计工，统计每人的劳动天数。这年秋天大豆丰收，文化馆的地单打单收，一过秤有3000来斤，生产队套一辆大马车送到了文化馆。大家真的乐开了花，当时馆里规定，分豆时与劳动天数挂钩，我出工最多，有50多天，分豆110斤，这在困难时期解决了多大问题呀！生产队张队长进城办事，我们大家凑粮票、凑钱请他吃饭。社员刘明芳爱好文艺，成为文艺骨干，与潘润海一直保持着密切往来。

　　30年后的90年代，我曾再来湾沟子回访，当年的张队长、文艺骨干刘明芳、房东老孟等均已故去，但许多人仍记得当年文化馆会说快板、会唱二人转的潘润海……

二、常年在乡下

　　下乡是很苦的，常常是一天一个地方，吃住都是问题，农民对下乡的干部并不热情，倒认为是个负担。当时规定，吃一顿饭给农民四两粮票、一毛钱，常吃的是大饼子、小碴子粥、咸菜、大酱，冬天常常是土豆块炖酸菜，一

速写《铲磨手艺人》
1965年12月17日

9

点油水也没有。酸菜是黑色的，土豆不打皮，一边吃一边往外吐皮。晚上开完会时，天已大黑了，当时农村没有电，家家点豆油灯，亮如荧火，但是农民舍不得点灯，那是烧的做菜的油呀！所以吃晚饭时也不点灯，不知往嘴里夹的都是什么呀，这就是"瞎吃"吧。

当年农民家里多有对面炕，我们住那里，只能住北炕。有一次我们去银厂子，开完了会，队长送我们到一户人家住宿，我们摸黑住北炕，一摸炕是凉的，没烧火，再一看没有被褥、枕头，一伸腿，见炕上放了几麻袋苞米，只能蜷着腿，枕着书包，合衣而卧，当了一夜"团长"。

我有起夜的习惯，半夜小解，是摸着出去的，回来时就坏了，根本找不到门，双手伸开来摸，一摸是锅台，再一摸是水缸……困难时期什么都困难，买得到手电，买不起电池，再下乡我就带一盒火柴，睡觉时放在枕边。

等熬到天亮，我一看这屋子的摆设，眼睛一亮，这西墙上置有祖宗板，下面供着老祖宗，一排四个挂签，

速写《乡村小学》
1964年6月24日

10

速写《分秒必争》
1965 年 3 月 4 日

桌案上焚香设供……这是典型的民间祭祀场面，我赶紧认真画了下来，这幅速写珍藏至今。

　　1961 年文化馆美术组派我和苏友桂、焦方成去通化县石湖乡开展文化活动，这里是老岭山脉腹地，山高林密，河水湍急而过。我们住在临近水塘的一户人家，太阳一落，水塘里的青蛙就叫了起来，而且入夜后越叫越响，吵得人们不能睡觉。苏友桂实在受不了啦，他抱起一块大石头，"咚"扔到水里，果然蛙鸣戛然而止，可他一转身，就又叫了起来……这是原生态的民间生活，我顿时诗性大发，即席作诗一首，写得不好，却极具生活气息。

山屯黄昏

云散日西雨初歇，荷锄鞭羊肩柴斜。

老林转暗又一层，小塘蛙声闹不竭。

我这次还带了毛笔、宣纸等写生工具，第一次现场写生，画幅很小，大约30厘米×40厘米，却成为我现场写生的开端。这些写生记录了当年的民间生活，十分珍贵。

1960年、1961年，我几乎有一半时间在农村，确实很苦很累，与农民朝夕相处，住一铺炕，吃一锅饭，对山民的疾苦与希冀有了深切的了解，几十年后我才认识到，这是在人类学、社会学的田野考察之路上坚实的脚步。

三、放猪有得

1962年，通化市抽调百名干部，下放农村，美其名曰"充实副食基地"。文化馆给了两个名额，谁都不愿去，就想到了我，我没成家，又对农村生活感兴趣，就欣然同意了。再一位是吴锡超，另有粮食部门的高泽生、冷松林等，五人下放到通化市干部疗养所，为这些老干部服务，地点在通化县大泉源乡。第一项工作是每天早晨5点多钟抱着磨杆磨豆浆，由人来代替毛驴，转几圈就头晕、恶心，甚至呕吐。这是锻炼干部吗？我们找所长理论，这个活就作罢了。

疗养所有个饲养场，养鸡、养猪，当时尚保留放猪的习俗，将猪放在野外去自由觅食，由我们轮流放猪。我哪放过猪呀，可我对这活感兴趣，就承担过来了。这猪是圈养的，恋群，并不乱跑，只顾在山坡上各自找食。我就成了自由人，自主支配。一是背古诗词，我裤子的背后有一个大兜，装着两本书，一为《唐诗一百首》，一为《宋词一百首》，是普及本，有注释。我规定每天要背会一首，先读，后背，记不住了拿出来再看。日积月累，我真的能背诵古诗词几百首，只是有的后来又忘了，但是与不会是两回事，为我补上了古典文学修养的一课。

二是学写诗。前人曰"熟读唐诗三百首，不会作诗也会吟"，一点不假。我将生活中的所见所感，写成绝句、律诗和小令，是用绘画的视角表现手法，诗人见了会见笑，我却觉得源于生活，立意新颖，具有田园特色。吟得只言片语，忙记在速写本上，晚上再在灯下整理，我的"放猪诗抄"竟有几十首。

在干部疗养所劳动一年，我们五个人的生活条件得到逐渐改善，住在粮库筒子房的一铺长炕上。每天晚上，他们四个人正好够打扑克，很是快活，我一个人在灯下整理诗稿和速写，兴趣颇浓。我们自己办伙，老谭他们是粮食部门的，近水楼台，弄点碎大米、豆瓣子，老冷热心下厨，吃得有滋有味。

这一年的收获，一是学写诗词，二是画了大量的速写，足有几百幅。我见大泉源乡街道两旁都是垂柳，树干老态龙钟，树枝婀娜多姿，我是画山水画的，这正是"师法自然"的好机会，就沿街一棵树一棵树的画，从东头一直画到西头。当地的老百姓，还有大泉源中学的学生都知道来了一个戴眼镜的青年人，天天画树，从早到晚，常常围过来观看。有两个老汉边看边议论："天天画这有什么用呢？"另一个老汉说："这你就不知道了，这能当饭吃呀！"

20 世纪 60 年代在农村的摸爬滚打，付出了许多艰辛、汗水，得到的却是在黑土地里刨出的一块块"金疙瘩"，那就是源自大山里的民俗学知识，它为我的民俗学研究、民间美术研究打下了深深的根基。

大山里的"满绣"巧手王和静

　　长白山满族枕头顶刺绣已于 2008 年列入国家级非物质文化遗产名录。对长白山满族枕头顶刺绣，从发现至研究，经历了近 30 年的历程。

　　1982 年，我在通化地区艺术馆任主管美术工作的副馆长。当时八中的美术老师徐树林来找我，说："我的一个朋友的父亲叫张全柏，是治安小学的老校长，已退休，喜欢画山水画，天天坐在炕上、伏在饭桌上作画，咱们去看看。"

　　第二天，我俩就骑着自行车去江北治安村。这里居民多以种菜为业，住的多是土坯草房，民风古朴。张全柏家是三间土房，只老两口在家。老伴王和静也是小学的老师，1918 年生，本地人，当时已 65 岁，是伪满国高毕业（相当于高中），毕业时曾去日本早稻田大学作短

1982 年王纯信开始调查、研究、收集满族枕头顶刺绣

期留学。她精通日语，酷爱刺绣。张老先生正在作画，画完的画一卷一卷，满满一炕。老人没学过画，是自悟的，却如痴如迷，令人感动。

我当即决定，将老人的画选出 20 幅，要在全地区文化馆举办巡回展览。这些画均为小幅，为四尺宣顺二开横幅。简单托裱后，先后在地区艺术馆、通化县文化馆、临江县文化馆等处展出，我为之写了前言。在艺术馆开展那天，张全柏由儿子扶着专程前来，十分高兴。艺术馆付给老人 20 元稿费，这在当时是个不小的数目。以后老人多次拄着手杖参加美术活动，这为老人的晚年生活注入了新的活力。

我与张全柏的老伴王和静已是熟人。她说："我有一样保存了 30 年的东西，拿出来你看看。"我瞪起眼睛，见她打开身后的炕琴，从里面拿出一个白包袱，从包里拿出一个纸包，再打开来，包着的是一个正方形的绣片。我的眼睛瞪得更大了，这是什么？是干什么用的？我拿过来一看，色彩艳丽，仿佛在闪闪发光，绣工十分精道，绣的是由双喜字组成的四方连续图案。她见我一脸的迷惑，就说："这是枕头顶刺绣，是装饰在枕头的两头。这是我结婚时绣的嫁妆，有几十对，孩子多，都用了。这一对我最喜欢，就留了起来。这种绣法叫纳纱，是在纱网上绣，非常好看。"

这是我从美术的视觉第一次见到枕头顶刺绣，它的精美让我震撼。我没见任何书刊、美术史籍对它有点滴介绍，这是美术领域、民间美术领域、工艺美术领域的空白。这种方枕我小时候见过，枕过，但丝毫没有注意两头的刺绣，对枕头顶刺绣一无所知。

她见我爱不释手，就说："这对枕头顶你喜欢，就送给你了，会比在我这保存得好。"我真是如获至宝，这是我收集的第一对枕头顶刺绣，王和静成为了我在大山里发现的第一位刺绣作者。

王和静告诉我，她有个亲戚，住在通化县三合堡，家里还保留了几对枕头顶。我第二天就找到了那里，有三对，是在缎子上绣的，题材为花与鸟，色彩明快，保存良好。几经动员，我买了下来，每对5元钱。

由此，我开始了挖掘、寻找枕头顶刺绣的历程。与此同时作田野考察，了解这些20世纪三四十年代的绣品所产生的背景、当时结婚的习俗、刺绣的品类、各种针法等，又查阅各地的县志，最后理出了头绪。这是流行于关东大地，特别是长白山区的艺术遗存，其作者大多是满族人，内容与满族的婚俗有关，形成了数量多、题材广、品类全、针法多样、传世多的特征，是有代表性的"满绣"艺术，毫不逊色于中原的四大名绣。

至1986年，我已征集满族枕头顶近千对，在《美术研究》等学术刊物发表论文多篇。1987年2月，在北京民族文化宫举办"长白山区满族民间剪纸、刺绣作品展"，誉满京华。2008年"长白山满族枕头顶刺绣"入选国家级非物质文化遗产名录，专著《满族枕头顶刺绣》获吉林省长白山文艺奖·作品奖。

我感谢王和静老人，是她把我引进了"满绣"的艺

术殿堂。如今老人已故去，可是由她开始的对满绣的研
究与开发却在向前发展。

满族人家炕琴上
整齐地摆放着方
枕，堵头的枕头
顶刺绣靓丽端庄
王纯信／摄
20世纪80年代

2008年6月文化
部为长白山满族
枕头顶刺绣颁发
的"国家级非物
质文化遗产"匾额

倪友芝

——满族剪纸第一人

提起倪友芝老人，都知道她是文化名人，是著名的满族剪纸艺术家，在网上查找"倪友芝"这三个字，会出现一大片数据，介绍她的生平、业绩和作品。

如果你查阅《满族大辞典》《民间美术辞典》，或在网上点击"满族剪纸"辞条，答复很一致：满族剪纸，20 世纪 80 年代发现于长白山区……最早被发现的满族剪纸作者就是倪友芝。因此说，倪友芝是满族剪纸第一人。

那是 1982 年，我当时在通化地区群众艺术馆任副馆长，主管美术工作。通化县文化馆举办剪纸作品展，美术部的张世新请我去参观美展。剪纸挂满了一个大展室，都是张世新他们在农村征集来的，散发着泥土的芬芳。

在墙角处有几幅剪纸很抢眼，我走近前细看，一幅剪了几个满族人物：男子的大辫子立在头上，女人戴的大头翅，穿的长袍马褂，人物是折剪的，两手下垂，五指分开，造型古拙，酷似远古的岩画。另有两幅，是四折剪成的龟与蛙，动物的眼睛是用香火烧的，把龟、蛙作为剪纸的题材十分少见。我忙问："这是谁剪的？"张世新说："是倪友芝剪的，她是文化馆馆长佟万友的老伴。她的剪纸都说太粗糙了，碍于馆长的面子，就挂在了墙角。"

这几幅剪纸太特殊了，题材很独特。剪的是满族人物，是满族的剪纸？这是前所未闻的。我当即和张世新

说，咱们这就去见见倪友芝。

　　来到倪友芝家，见她是个又矮又胖的小老太太，人很憨厚，当年 40 多岁，小学文化。

　　我问："你是跟谁学的剪纸？"答："是跟母亲和姥姥学的。"

　　问："为什么剪龟与蛙呢？"答："我也说不上来，老人活着的时候，过年的时候就剪这些，贴在墙上、窗上，说是吉祥。"

　　问："你剪的满族人物是干什么用的？"答："是老人剪了给我们玩的，摆在窗台上过家家。"

　　问："你是什么地方人？"答："我的老家在富江，隔着富尔江，对岸就是新宾。"

　　问："你是什么民族？"答："我说不明白，我们家是在旗的，跟母亲叫纳纳，跟父亲叫玛玛，我姥姥家、丈夫家都是在旗的。"

　　……

　　够了！我脑子里一下子冒出来一个大胆的推断：这是满族剪纸！

　　回到家，关起门来查找史料，那时没有网络，就把我手中有关满族信仰、崇尚的书都找了出来，足有几十本，这些相关史籍，即使通化市图书馆藏书也远不及我

倪友芝于 1986 年剪的《嬷嬷人》，左为姑娘，中为老太太，右为男人

倪友芝于 20 世纪 90 年代剪的《龟、蛙戏水团花》

多。在《满族史论丛》的满族萨满信仰一节中，明确记述："萨满认为：蛙、蛇等动物每年一蜕皮，所以能长生长寿，所以认为它们有无比的威力，是萨满的助手和辅助神。"满族信仰萨满教，这是一种原始宗教，认为万物有灵，把许多动物、植物、自然物都当作神灵崇拜，还敬祖先为神，于是产生了自然崇拜、图腾崇拜与祖先崇拜。萨满（萨满教的神职人员）为了增强祭祀的感染力，常常借助美术的手段，将诸多神灵艺术地表现出来，于是产生了神偶木雕、神偶绘画、神偶剪纸等，这种信仰民俗在民间传延。

　　倪友芝剪的正是表现了萨满崇尚，这是满族剪纸无异。只是年代久远，到如今，对其渊源已无人知晓。对满族剪纸的发现，是国内外的首次发现，具有填补空白

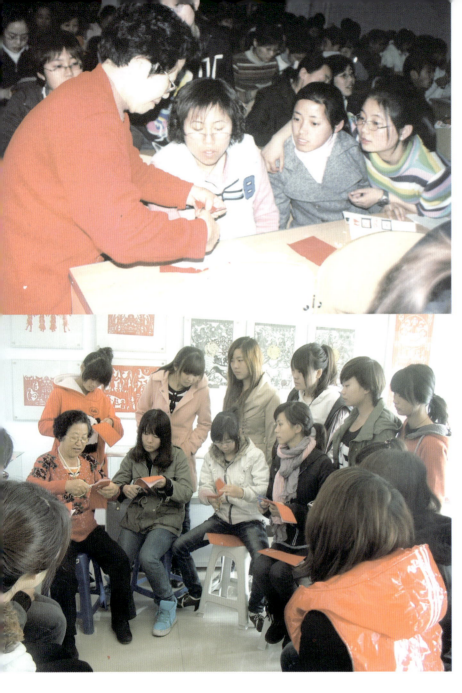

通化师范学院聘任倪
友芝为客座教授，为
大学生上满族剪纸课
王全／摄

2008年倪友芝在通化
师范学院满族民间美
术陈列馆为大学生们
现场示范如何剪纸
王宏硕／摄

的价值。于是，我撰写文章提出满族剪纸的文化概念，当时送到省里的一家学术刊物，编辑没听说有满族剪纸，拿不准……

几经周折，文章几经修改、充实，终于发表了，在学术界、满学界引起了很大反响，倪友芝成为了满族剪纸第一人。她原创的《嬷嬷人》《龟与蛙》发表后，为全国各地的剪纸作者临习，还被移植到雕塑、油画、国画等艺术中，屡获大奖。

如今倪友芝已 70 多岁了，仍在从事剪纸创作，还热心于传承，培养了一批又一批的年轻人。她是列入世界非物质文化遗产名录的"长白山满族剪纸"的传承人。2014 年获得由中国艺术研究院、中国非物质文化遗产保护中心授予的"中华非物质文化遗产传承人薪传奖"。

倪友芝于 1986 年剪的《小两口、老两口》。该作品是倪友芝的代表作，运用俯视、平视、互不遮挡等方法，表达典型满族民俗生活

2014 年 6 月 6 日长白山满族剪纸国家级传承人倪友芝获得第三届中华非物质文化遗产传承人薪传奖

神剪侯玉梅传奇

《神剪侯玉梅》是吉林省通化县作家朴尚春先生写的一篇报告文学，介绍了侯玉梅从农妇走上"剪坛"的成长过程和她的满族剪纸艺术的神奇。这篇文章发表于《吉林日报》（海外版）1997 年 7 月 4 日，在国内外引起较大反响。1998 年 1 月，中央电视台纪录片之窗栏目的邵振堂先生看到这篇报告文学后，专程来通化，仍以"神剪侯玉梅"为标题，拍了专题片，在中央电视台播放。

侯玉梅的剪艺生涯，真是够"神"，充满了浪漫意味与传奇色彩。

我认识侯玉梅是在 1980 年，我当时在通化市文化馆担任美术辅导工作。在举办的山水画学习班讲课时，我发现了一位来自农村的女学员，她高鼻梁、大眼睛，目光里显露着灵气；家住在通化县金斗，距通化市约 35 公里，是骑自行车来学画的。她就是侯玉梅，当时不到 30 岁。

在交谈中得知她是满族，会剪纸，是跟母亲学的。我就鼓励她应侧重于学习剪纸，注意观察、表现农村的现实生活。侯玉梅真是心领神会，马上练习剪了起来。学习班结束后，她每周都寄来几张新作，还用木板刻字自印了"侯玉梅专用"信封。由于侯玉梅的努力实践，虚心学习，剪纸艺术水平提高很快。

侯玉梅是在山沟里长大的，对外面的世界知之甚少，这限制了她艺术思维的伸展。1981 年春节，她带着女儿

小红来我家串门，一进来就说："王老师，我们娘俩在这住几天，看看通化什么样儿。"这是典型的农村习俗，质朴又实在。

于是，她每天领着女儿逛玉皇山、百货大楼等，很是开眼。有天她对我说："我俩要去看看火车什么样。"我夫人嘱咐："早点回来，千万别走丢了。"到了晚上八九点钟，她们还没回来，真有点不放心。那时没有手机之类的通信工具，通化市这么大，上哪儿找去啊！

大约10点钟，二人推门进来了，我才放下心。原来侯玉梅到了火车站看到了火车，觉得不过瘾，要上去坐一坐。刚上火车就开了，她这下慌了，不知火车往哪儿走，大喊："快停车！快停车！"列车员得知此情况，安排她们在第一站通化东下了车，然后又等着下行的火车

20世纪80年代，侯玉梅在自己家的小土炕上剪纸

25

把她们拉了回来。当时怎么也没想到，15年后，她作为中国民间文艺代表团的剪纸艺术家几度乘飞机飞越重洋，去欧洲多个国家访问、表演。

20世纪80年代，侯玉梅是地道的农民，家住通化县金斗乡的湾沟子。这是个山沟，她家住着三间低矮的茅草房，冬天四处透风，她就把被子围在身上，坐在炕上剪纸。长白山区不产麦子，农民吃不到白面，只有春节时每口人供应一二斤白面，用来包饺子。侯玉梅却把白面打了浆糊，用来裱墙，因为她要举办"侯玉梅剪纸展"，共展出了她创作的满族风情剪纸500余幅，把里屋（卧室）、外屋（厨房）、仓房的墙都贴满了。在当时这真是惊人之举。这次展览惊动了吉林省文化厅、省艺术馆、通化地区艺术馆，省里、地区、县里的主管部门领导、美术辅导干部、新闻记者等几十人前来参加开幕活动。侯玉梅在吉林省、通化地区、通化县一举成名，孰不知这是她十余年心血的结晶。

侯玉梅的成长得到了通化县各级领导的关心和支持。在当年的困难情况下，给她和孩子办了农转非户口，在县城给她解决了住房，还安排她到文化馆工作，任不坐班的剪纸创作员。

侯玉梅思维敏捷，心灵手巧，她将满族剪纸艺术家倪友芝等前辈的技艺学到手并融会进自己的创作中，成为了满族剪纸的代表人物。1985年，发祥于长白山区的满族剪纸作品在"吉林省民间美术作品展览"中首次亮相，引起了轰动。中央美术学院民间美术系的杨先让教授应邀到会，在总结发言中，他对原生态的长白山满族剪纸赞不绝口。侯玉梅等作者参加了展览活动，备受鼓舞。杨教授又说，要进北京举办满族剪纸展。这使吉林省文化厅、民委部门的领导有了信心和决心。1985年长白山满族剪纸参加中国剪纸学会在山东济南举办的首届展览，引起了剪纸界著名专家林曦明、曹振锋、李寸松、段改芳等人的一致称誉。1987 年，在北京举办的"长白山满族民间剪纸、刺绣作品展"，侯玉梅等作者到会表演，誉满京华。

其后，侯玉梅多次作为中国民间艺术家代表团成员，出访德国、奥地利、瑞典、丹麦等国家。她用娴熟的技巧，特别是现场即席创作，赢得了好评。侯玉梅对我说，在德国，一位妇女牵着一条狗，请侯玉梅给她与爱犬剪像。侯玉梅没练过剪影，不知如何下剪。但心想，不能让外国人难倒，就一边观察一边剪，仿佛她的剪子有神灵附身，十分顺手、十分精彩。她的作品让这位德国妇女叹服，并用美元付了费。侯玉梅的剪纸技艺为国外艺术家所称道，称之为"神剪"并不过分，她为弘扬满族民间剪纸出了大力。

侯玉梅之所以能成为著名的满族剪纸艺术家，其中一个重要原因，是她与普通农家妇女有着截然不同的生活理念和追求，她想的、做的"都不是过日子的道儿"，这样的事太多了，许多都具有传奇色彩。

春天里，农村妇女都忙于耕作，上山采山菜搞副业，

1987 年在北京"长白山满族民间剪纸、刺绣作品展"上，侯玉梅现场为观众示范满族剪纸烧烫技法

侯玉梅于1980年创
作的剪纸《人参梦》

她却背着兜子、带着剪子，去北京、天津、长春等地参加剪纸大赛、现场表演，而家里的孩子却是缺衣缺粮。

1984年，她报名参加了通化师范学院美术专业函授学习，要拿大学文凭，没钱住宿，就睡在教室的桌子上；帮助招待所食堂刷碗、洗菜，换取优惠的饭菜；把自己连夜编的簸箕拿来卖给同学，用以支付学费。她以独特的艺术视觉所完成的水粉静物写生被贾涤非老师（现为中央美院油画系教授）收藏。贾老师连说："大家手笔，够味。"侯玉梅根本没学过色彩写生，还以为老师故意取笑她呢。

侯玉梅突发奇想要和长春电影制片厂合拍剪纸动画片《布库里雍顺的传说》，拔腿就去了长春，直接见厂长洽谈，竟忘了回来时没钱坐火车。省艺术馆的聂景春馆长以预支稿费的形式给解决了30元钱，她回来后真的写出了一篇谈满族剪纸的论文，在《群众文化研究》上发表，还上了这笔债。

　　1986 年，在辽宁西丰举办的全国剪纸学会年会上，安排学术讨论时，侯玉梅从容地从提包里拿出一盘录像带，交给大会播放。这是一部侯玉梅谈满族剪纸的专题片，让与会者惊叹。他们哪里知道，这是她自己投资请通化县电视台录制的，自编自导。

　　十多年前，电脑刚刚上市，还是十分稀罕之物，侯玉梅就买了一台。这一消费观念远远走到了城里人的前头，她说要和儿子学电脑，进行剪纸动画创作。买电脑的钱用的是一位香港商人预支的稿费，这笔钱本应用在改善一下十分寒酸的生活条件上，可是她却如此支配。

　　去德国访问那次，每幅剪纸收费 10 美元，扣除代表团的费用，所得颇丰。她回家前到商店买了台超时尚的摄像机，作为给儿子的礼物。因为她不懂德文，看不懂商标，回来一问明白人，才知道是使用胶片拍电影的专业机。侯玉梅对我说："王老师，这台机器留给师范学院用吧。"我说："这是电影制片厂用的专业机，我们也用

1989年通化地区满族剪纸展，王纯信为大家介绍侯玉梅及其作品

不上。"她接着说:"那就留着给孩子吧。"语气淡淡的,一副"小菜一碟,不足挂齿"的神情。

1997年我为晋教授职称,参加了通化市人事局举办的日语学习班,晚上上课,历时近两个月。侯玉梅也来了,学习英语。她要每天骑自行车,摸黑走50里山路回家,但她坚持学到最后,并且考试及格了。她学习期间还给老师、学员们剪纸,十分活跃。一个农家出身、没念过几天书的女子如此执着学外语,令许多人不可思议。侯玉梅却对我说:"我学英语不光是为了评职称,是要出国……"

1998年春的一天半夜里,我家电话铃突然响了,十分急促,是什么人半夜打电话?"我是侯玉梅,我从省里要来了评职称的指标,王老师您也赶紧报啊……"原来,侯玉梅要申报研究馆员职称的指标,整个通化县文化部门还没有一个副高级职称,这不是天方夜谭吗?侯玉梅可不听这套,背着一书包证书就去了省城,省文化厅、省人事厅的主管领导看了她的业绩和成果,连说:"够、够、够",竟破例给了一个副高级职称指标,并告诉她,要有台阶,不能一步登天。于是,侯玉梅成为当时通化县文化馆的最高职称者。

侯玉梅太"不安分"了,对诸多优厚的待遇,并不满足,她要到国外去闯天下。2001年,她办理签证去美国。美国人是很挑剔的,许多人被拒签。当侯玉梅出示她的一大堆有关剪纸作品业绩的证件时,让美国人刮目相看了。她在美国旧金山的亚洲博物馆有份工作,唐人街每年华人欢庆春节的彩车都是由她一手完成的。她在美国的生活节奏很快,要学习英语和电脑,还有在电视台的剪纸讲座,参加"秧歌队"的培训……如今她能讲一口流利的"美国英语",并已办了"绿卡",市政府给了一套"廉租房"，又按照美国的移民政策，儿子也去了旧金山。还有一点要说的，她找了一位美国白人老伴，生活得很好。

　　侯玉梅是在长白山出生与成长的剪纸艺术家。长白山是满族的家乡，是满族文化的发祥地。正是满族民间文化的熏陶，使她成为了满族民间剪纸艺术的传人。她从山里走来，走向全国，走出国门，她背负的是弘扬中华民族文化的使命。侯玉梅的路还有很远，很远……

2010年侯玉梅的满族剪纸在美国旧金山唐人街地铁站招标设计中被采纳

2015年侯玉梅在美国旧金山唐人街制作彩车雕塑

"高丽柜"留下的未了情

我用了多年的时间，历经周折，收藏了三个高丽柜，对研究与保护起到了重要作用。这几个柜子所连带的故事，更是感人肺腑。

朝鲜族是我国的一个少数民族，主要居住在吉林省境内鸭绿江、图们江沿岸。历史上，朝鲜族的民间美术受汉文化影响很大，同时又形成自己的民族风格。

朝鲜族民间美术中最精彩、最珍贵的要属民间家具中的炕柜，朝鲜族称之为"衣笼"，俗称"高丽柜"。朝鲜族的炕柜，相似于汉族的箱子，一式两个为一对儿。一般长 80 厘米，宽 50 厘米，高 70 厘米。门开在前上方，柜内上端有三个抽匣。

炕柜用木板卯榫相交，不用钉子。柜的正面有多种形状的金属饰件 60 余片，起到加固炕柜与美化炕柜的作用。这些金属薄片有两种，一种为白铜制作，这是铜镍合金，银白色，十分典雅；另一种为黑铁薄片制作。

这些金属饰件上均刻、凿、镂出多种图案，有花鸟、山水、文字等，这些图案构成了朝鲜族炕柜艺术的核心，是最靓丽的光环，具有很高的艺术价值。

这些炕柜艺术均为约百年前的制品，多作为姑娘结婚时的嫁妆。因为装饰华丽，造价昂贵。据调查，当时买一对白铜饰件炕柜，相当于买一头好耕牛。黑铁饰件的炕柜造价则要便宜许多。这些炕柜都是家庭中的珍贵物件、重要陈设。

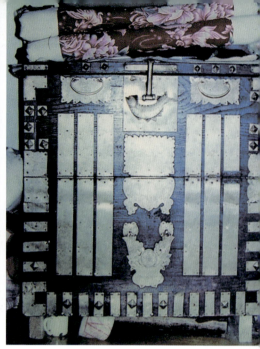

　　时至今日，遗存在民间的朝鲜族炕柜由于种种原因，已是凤毛麟角了。

　　有一个朝鲜族炕柜是在集安收集的，保存者叫崔正济，女，朝鲜族，1926年生于朝鲜楚山郡。这个柜是崔正济母亲的嫁妆，一对两个，约制作于1910年。1950年，朝鲜战争爆发，全家离散。崔正济的父母将家中最珍贵的两个炕柜，一分为二，分别给了崔正济姐妹二人，并嘱之一定要保存好这对炕柜，如日后亲人能再团聚，这柜就是相认的信物；如骨肉不能再相见，这柜就是父母的珍贵纪念之物。全家抱头痛哭。崔正济的妹妹一家带着一个炕柜疏散到朝鲜内地，崔正济一家带着另一个炕柜越过鸭绿江来到集安市大荒沟。50年来，几迁其家，这个柜一直带在身边，企盼着有亲人团聚的一天。

　　待朝鲜停战后，局势趋于稳定。崔正济曾设法与在朝鲜北方的父母联系并想去探望，但20世纪60年代，由于两国间意识形态的分歧，导致亲人近在咫尺却不能往来。80年代后期局势好转，却得知父母含怨故去，留下终生遗憾。战争期间逃到南方去的妹妹一家一直杳无

朝鲜族铁质
镂花高丽柜

朝鲜族白铜
质贴花炕柜

音信，因此另一个炕柜更无法得知下落如何。

2003 年，77 岁的崔正济老人，眼含不能在有生之年与亲人见一面的未了情去世。这个高丽柜作为母亲的遗物保存在儿子家里。随着农村经济的发展，拆除成片的老房子，盖成一排排的砖瓦房，铝合金门窗，宽敞明亮，屋里摆放的是成套的组合家具，与城里人无异。这个高丽柜与之太不协调，陈旧而不适用，就挪放到了仓房里。

集安市文联的程远主席得知我收集民间美术遗存实物，便与在乡政府工作的朋友一起做工作，才买下来这个柜。这个高丽柜如今陈放在通化师范学院的陈列馆里，将永久陈列保存。随着改革开放大门的敞开，将有国内外的朋友、各民族的朋友前来参观与进行学术交流。这个柜所讲述的故事委婉又酸楚，也许有一天，但愿有一天，这个柜主人的后人来到柜前，认出它来，这将是一个多么曲折又多么圆满、多么美妙的故事啊！

高丽柜作为嫁妆被代代相传，崔正济一直保留着父母送给她与妹妹作为信物的贴花白铜高丽柜

吴景明与祭祖白挂签

在各种版本的剪纸集与相关著作中多刊发有满族祭祖的白挂签，注明为"长白山满族剪纸·清代"，这到底是怎么保存下来的？谁保存下来的？鲜为人知。

在关东大地春节前的集市上，与对联、香蜡、彩灯等节日用品摆放在一起的，常见有白色的挂签，上面刻有满文，这就是满族人家祭祖的挂签。这一独特样式与颜色的挂签是什么时候开始进入市场的呢？同样鲜为人知。

当年，我在阅读有关满族习俗的史籍中，发现多有记述"满族祭祖的挂签是白色的，上面有满文"。这不正是满族的剪纸艺术吗？这种挂签是什么样子，多大尺寸，满文为何意，均不可知。

使命感告诉我，要到民间去寻找，来填补这段空白。我于 20 世纪 80 年代几乎走遍了长白山区的十多个市县，出没于山民的木屋、窝棚，寻访满族老翁、老妇。但是，

满族人家祖宗板上悬挂的白色挂签
王国霖／摄

他们都说见过，却没有保存下来这种白色挂签。这让我好不烦恼，却不敢懈怠。

1985年2月25日，农历大年初六，由钟爱武陪同，我来到通化市南江沿一户满族吴姓人家寻访。这家的老太太叫鞠玉兰，当年60多岁，是满族正蓝旗，辽宁抚顺人。她的儿媳妇肖庆菊，是龙发粮店的主任，与小钟原来是同事。其家中保存有枕头顶刺绣与旗人棉马褂，令我惊异的是，纽扣是用香港的英国人发行的银币焊上圆环又缝在衣服上的。

我看出来这是一户满族文化浓郁的人家，就问："你们当年春节时怎样祭祖？"鞠玉兰说："在西墙上有祖宗板，上面有祖宗匣，每年春节时，焚香、摆供、叩拜……"

我眼睛一亮，赶紧问："祖宗板上贴挂签吗？"老太太说："有哇，是白的，上面有满族字。"真真让我震惊，不想她话锋一转："'文化大革命'这十来年，什么也不供了，白挂签也不知道藏到哪里去了。"又说："这挂签是祖宗传下来的样子，说不清传了几代，足有100多年了。""我们的挂签都是由儿子保存，用完了再刻。"

她的儿子叫吴景明，当年38岁，是铁路新站货场的工人，心灵手巧，祖传的白挂签都是由他经手在年三十时贴在祖宗板上，只用一个，上四炷香。亲戚家用的也都是从他这拿去的，用完了就用红松明子烟熏过样，再复制一摞。

我不甘心作罢，请老太太找找。她被我的执着感动，拿着鸡毛掸子在一个个柜后划拉。真的功夫不负有心人，在立柜后面掉出一个纸卷儿——是用一张1953年的《中国少年报》包着的三张白挂签，一端已经发黄。在场的众人都十分兴奋。几经动员，老太太送我两张，另一张留着作底样。我拿出20元钱作为酬谢。

我带着这件珍品请教满文专家。得知挂签上的满文读作"佛尔郭出课",为"奇""瑞"之意,是称颂祖宗的功德。满文四角为四只蝙蝠,为"四福捧寿"之意。祭祖的挂签是白色的,因为满族崇尚白色,认为"白色吉祥、红色凶险"。这一色彩审美习俗的形成与满族先人在林海雪原中生活有关,与白雪结下了深缘。

我终于找到了有满文的祭祖白挂签,填补了有史无图的空白。从速写出了文章《长白山区发现满族祭祖的白挂签》,在《紫禁城》等多家报刊发表,也选入我的几本著作中,随后为多种书刊反复转载、介绍。后来,白挂签在吉林、新宾、伊通等满族聚居区的春节市场上竟被大量复制,走进满族千家万户。

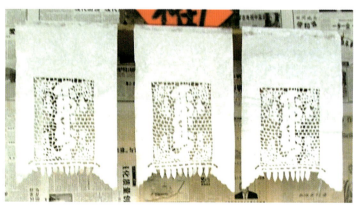

20 世纪 80 年代
的中年吴景明

满文挂签,细长型,中间刻有满文"佛尔郭出课",为"奇""瑞"之意,是称颂祖宗的功德。满文四角为四个蝙蝠,为"四福捧寿"之意。

吴景明回忆当年
重新复制白挂签

吴景明夫妇与王纯
信在家中合影留念

随着对满族民间美术这一非物质文化遗产的深入研究，我想到要对 20 世纪 80 年代的民间美术传承人做跟踪回访，了解相关技艺的传承现状与他们的生活现状。我首先想找到满族祭祖白挂签的传承人吴景明。

时间已过去了 20 多年，他在哪里？查阅当年的笔记，只知道他当时在通化铁路新站货场工作。以此为线索，顺利找到了他的电话。在通话中他得知当年那位王老师在找他，大为惊讶。他已退休，住老站铁路住宅的"圈楼"。我们立即组织了一个小分队，带着摄像机、照相机前去采访。当年不到 40 岁的他如今已 60 多岁了，满头白发，而他的母亲鞠玉兰已过世多年。

我们说明来意，问他过年还挂白挂签吗？他说如今住楼了，就不供老祖宗了，当年留下的那张样子也没保存下来。我想到了这一层，从书包里拿出一张我们复制的白挂签送给吴景明。他十分高兴，看了又看，说："这真是我当年保存下来的样子，是从祖上传下来的，一直传到今天真是太不容易了。"

我嘱咐他，还应该祭祖，还要刻白挂签，这是民族文化，要传承下去。他笑着答应照办。我还送他一本《萨满剪纸考释》，这是我们刚出版的，上面刊发了这幅剪纸，并有文字介绍和发现经过；还送了他 1985 年采访时为他和他母亲拍的黑白照片。大家都十分高兴，拿着挂签、照片和书合影为念。

刘建封与漫江木屋百年史话

　　长白山漫江木屋村落，是满族文化的古老遗存，日益受到国内外学者的关注。2012 年 3 月"国际木文化学会学术研讨会暨长白山之旅"在抚松县召开，其重要考察内容是漫江木屋，这使最后的木屋村落重放异彩。长白山漫江木屋经历了一百余年的蹉跎岁月，奇迹般地延续至今。

1908 年　刘建封踏查长白山时住漫江三天

　　清光绪三十四年，即 1908 年，长白府帮办、奉天候补知县刘建封率队踏查长白山，委勘奉吉两省界线，兼查长白山松花、鸭绿、图们三江之源，调查中韩国界。这是人类第一次全面科学地踏查长白山，意义重大，影响深远。刘建封写下了《长白山江冈志略》《白山纪咏》等不朽篇章，成为记述长白山文化的重要文献。

　　刘建封在《长白山江冈志略》中记述了考察长白山的历程，将长白山山峰河流、自然资源、风物传说、城镇村屯等一一记述，可谓翔实。

　　刘建封一行踏查途经漫江，记述到："漫江营，在漫江下游，西北距东岗八十余里，有韩民三十余户"，已是一个村落。对河流漫江，记述道："漫江，一名缦江，源出龙岗之长茂草顶，合数小水西北流百六十余里，至孤顶子山后，会于锦江。"自清入关后，将长白山悉行封禁，国人足稀，却外邻潜入，韩民越境私垦甚众。漫江是个自然条件优越的地方，"江边多膏腴之田，韩民亦皆富饶。余至此食油麦、江鱼，均系亲手烹调，味颇厚"。刘建封"因购粮东上，住三日"。他得暇考察这里的秀美与富饶，有详细的描述："时值天晴，江水有声、云山入画，樵夫牧童，往来不绝。耕者荷笠于田间，女子浣衣于江上。村内鸡鸣犬吠，相杂于书声、机声中。周围数百里外，毫无人烟。忽于深山大泽，独开生面，别有天地，俨然龙岗后一小桃源也。"他更在《白山纪咏》中写下赞美的诗句："走过大荒三百里，居然此处有桃源"。"江干多少天然趣，呵者渔翁啸者樵。""偶遇牧童骑牛过，《汉书》斜挂角头前。"又有一绝句："门对大江西，山高月影低。苍茫云树里，遂听鹿呼麂。"

这些记述、这些诗句是刘建封对一百年前长白山漫江的千古绝唱，是漫江有史以来已知最早的文字记述，是中国历史上最高级别文化名人对漫江的评说。

这些长白山民当时住的房子是什么材料建造的呢？这里的村屯是怎么分布的呢？在《白山纪咏》中，有诸多诗句作了形象的描述："最好两间树皮屋，半年浮住半年闲。""东道新开日，苍茫近太初。两三间板屋，最好此山居。""转过山头闻犬吠，两三间屋野人家。""白山左右人烟少，百里还称是比邻。""二百余年传五姓，一人两屋即成村。"

这些诗句中说的"树皮屋""野人家"，就是长白山木屋，是全用山里的树木叠加而成的木头房子，山里人称之"木嗑楞"。原木叠垛在一起为墙，如同人的上、下牙咬合在一起。这种木屋是木墙、木瓦、木烟囱。

长白山里当年地广人稀，居住分散，一个山沟只有几户人家、几间木屋。

长白山里的木屋，是满族的文化遗存，保存着金代女真的建筑风格："依山谷而居，联木为栅，屋高数尺。无瓦，覆以木板或以桦皮或以草绸缪之，墙垣篱壁率皆以木，门皆东向。环屋为土床，炽火其下，与寝食起居其上，谓之炕，以取其暖。"（《北盟会编》）这一地域文化为来这里垦荒、渔猎的"汉民""韩民"所承袭、所沿用。

1930 年《抚松县志》对漫江的记述

民国十九年，即 1930 年，由县长张元俊修、车焕文纂的《抚松县志》铅印本中，对抚松县漫江镇有详细的记述："漫江镇，原名漫江营"，"距城一百五十里，土地肥沃，出产丰富"，"县属漫江及白山泊子一带尚有猎户散居其间四十余户，而漫江、紧江及头二道江、松花江并松香河之两岸住户亦多，以渔为生，而猎户以树皮木材苫盖房屋，高不过七八尺，可居一二人，俗名抢子，亦名蹚子、窝棚，有百年以上之户，俗称其人曰老东狗子，食物以鱼、兽肉为大宗，间食小米子，均由百里外背负而来，生计极简单。"《抚松县志》较之《长白山江冈志略》过去了 22 年，二者对漫江一带的环境、居民户数、民居等记述相等，变迁不大。县志中所说的"以树皮木材苫盖""抢子""蹚子""窝棚"，均为不同样式、不同用途的木屋，房上铺有"木瓦"或"树皮瓦"，长白山区的满族木屋文化仍得以普遍延用。

1988 年 田野考察中，重新发现漫江木屋

我自 1982 年起，开始作长白山区民间美术田野考察，其内容包括民间剪纸、民间刺绣、民间木雕、民间家具、民间编结、民间建筑等，多年下来，几乎走遍了长白山区。我的方法是考察与研究相结合、与收集相关艺术遗存相结合、与美术创作相结合，所以考察时装备有照相

漫江木屋村

木窗、木墙、木瓦、
木栅栏、木烟囱在银
装素裹的世界呈现出
北国人文的生活气息

机、笔记本、速写本等。当然，还要多带点钱，见到"好东西"要买回来，这是保护的举措。对长白山木屋的寻找、研究经历了艰辛的过程。

1984年5月，长白山区春暖花开，百树吐绿，气候宜人，是深入生活与田野考察最佳时期。5月14日，乘汽车从梅河经辉南到达靖宇县。靖宇县原名濛江县，县境地处长白山腹地，平均海拔七八百米以上，森林茂密，沟壑纵横。5月16日，与靖宇县文化馆馆长、画家王杰夫到东兴乡四道沟村作田野考察。这里有百余户人家，多为山东流民，以伐木、采参为业。这里是木头的世界，家家都是木嗑楞的房子，木墙、木瓦、木烟囱，室内是木桶、木盆、木勺子，庭院是木仓、木圈、木障子，运载器物是木轮、木车、木爬犁……延袭了满族森林木文化传统。住房多为三间，建房木料直径在30厘米以上，约用原木50立方米。因为当年这里为原始森林所覆盖，可任由伐取，用以建屋，原木成为了最廉价的建筑材料，俯首可得。

至1984年，森林已被大量采伐，原始林所剩无几，伐木造屋受到了严格限制，不可能再造这种木嗑楞式住房，存世者均为20世纪50年代的"作品"。

山民家家有个大园子，房子周围四五亩地的范围均为自家领地，栽培人参、贝母，培植木耳、蘑菇，充分利用木材资源发家致富。

我逐户采访，作记录、画速写，当时尚无彩色胶卷，又无闪光灯，拍室外黑白照片数十幅。我是第一次见到这种木屋，感到独到，感到震撼，认为是山水画创作的好题材。以前对木屋的历史渊源、典籍记述，知之甚少。这是对长白山木屋的首次大面积考察，对其造型、材料、特色有了感性认识，积累了第一手资料。

1985年4月，我随通化滑雪队进长白山，考察、体验长白山之冬。这次进山最大的意外收获是得遇安图县文化局的李天录先生，他带着一本清人刘建封著的《长白山江冈志略》复印本。我借来一看，大吃一惊，张开的嘴，迟迟没有闭上，这本有关长白山珍奇的古籍，竟多处记述长白山的木屋，刘建封这个名字和他的著述也是第一次得见。我一个下午连一个晚上抄录这本书，因

村民取回山里中空的树木作为烟囱，用火燎以防腐耐火

时间紧迫，只抄了 20 余页稿纸。上哪能找到这本书呢？这对我来说太重要了。我四处寻觅，直至 1988 年，才从吉林师院购得李澍田主编的《长白丛书》初集，刊有《长白山江冈志略》。这本书一直放在案头，反复阅读，成为我开启长白山文化之门的金钥匙。

对长白山木屋，对漫江木屋，我产生了极大的兴趣。岁月流逝，刘建封记述的漫江木屋还存在吗？

1988 年 5 月，即距刘建封《长白山江冈志略》刊发 80 年后，几经安排，几经准备，我赶赴抚松县漫江镇考察木屋状况。

漫江是抚松县的一个镇，是松江河林业局漫江林场所在地。漫江有百年的历史，有"先有漫江，后有抚松"的说法。漫江镇被林海所包围，遇晴天可遥望长白山群峰耸立，四季皆白，在阳光中闪现银色光芒。

20 世纪 80 年代，镇里有几所楼房，沿街有少数店铺为砖瓦房，除此都是木嗑楞式建筑，仓房亦然，区别是住房墙壁抹涂黄泥，挡风御寒；而仓房不抹泥，其仓内通风干燥，利于储存粮食。沿着街道，成排的木屋，高过檐头的木烟囱也列成一行，清晨，袅袅炊烟在淡淡云雾中升腾。木烟囱上有的长满了木耳、木灵芝，如同雕梁画栋一般。房上的木瓦由于年久氧化，淡黄色松木已呈灰色，如同青瓦般素雅；背阴处的木瓦因潮湿，长满了绿苔，如同琉璃般鲜亮。镇里有不少朝鲜族人家，他们是 20 世纪 40 年代前后从鸭绿江南岸迁徙来的，也造木嗑楞木屋居住，但屋顶不是两面坡，而是四面坡，即四坡水，建筑学上称为歇山式屋顶。为防风，屋顶的木瓦用木杆和石块压牢。

在镇里的漫江岸边，一字排开的是各家的烧柴垛，山里人家的烧柴垛都很大，要占几十平方米的面积，够一两年做饭取暖之用，放在江边，一是可以不占庭院内的面积，二是远离住房而临近水边，有防火的意义。令人惊奇的是这些烧柴垛的堆垛方法各不相同，如同一件件的艺术品，形成了不同的款式、不同的风格，体现了山里人的勤劳、智慧和爱美之心。

漫江镇下属有个锦江村，旧称孤顶子，地处离镇子约5公里的密林中。我们穿行于树隙的沼泽中，羊肠小路弯弯曲曲，倒木纵横。这是个夹在沟底的小山村，清一色的木屋，顺沟的两侧分布，有三四十户，找不到一块砖、一片瓦，当时连塑料布也见不到，真是从古代遗存至今的木屋群，完整存正。这是个重要的发现，让人振奋。

我带了两台照相机，拍了正片和副片，画了速写几十幅。回来后，将反转片装入片夹，制成了幻灯片，在吉林省及全国的多次民间美术会议上放映，这些独特的木屋令观者惊叹、称绝。

漫江孤顶子的田野考察发现了保存完好的木屋群，是从美术角度的首次发现，这正是刘建封来过的地方、所记述的木屋，这使我们对长白山木屋文化的考察、研究、保护、开发有了信心，有了决心。

2004年　保护漫江木屋的关键一战

1984年以来，我们用了20年的时间，对长白山区的木屋作了诸多考察，除了抚松、靖宇、长白几县外，还去过延吉、新宾、桓仁、吉林等地作比较调查，积累了较完整的图像资料和文字资料。但是最令我们魂牵梦绕的地方还是漫江孤顶子，它的木屋建筑是最集中、最完整地保存着的。多年来，我常常在想、在问，这些木房子还在吗？

2004年9月7日，经过多日的准备，我们乘火车去松江河，由松江河林业局主任、著名画家刘田军求了一辆吉普车送我们到漫江镇。9月8日由林场美术作者王森秋作向导，乘车到孤顶子村。令我们惊异的是，这几十座木屋依然如昨，还有重新翻盖者，真是意想不到，堪称长白山下"木屋"第一村。我们作了"地毯式"考察，逐户调查，从房外到室内，从仓房到柴垛、障子，一一拍照、测量，并与居民访谈、记录……

这些木屋，是长白山文化的重要内容，是宝贵的长白山木文化遗存，时至今日，具有重要的开发价值，是不可再生的旅游文化资源。它的存世足可以同"丽江古城""平遥古城"的保存一样令人振奋。

经全面了解，孤顶子的情况如下。

有的人家靠种植人参等山林经济致富，迁往交通方便的地方，另建新居，离开了这里的木屋。部分居民因劳动力少、家里有病人等原因未能脱贫，无财力搬迁，仍住在这里，且木屋坏损失修。这里有迁出者，更有迁入者，有多位来自临江市、柳河县、四川省乐山等地的

木瓦、木墙、木烟囱、木柴垛，高低错落，演奏出山村的木歌

姑娘远嫁这里，甘居木屋。她们个个年轻端庄、穿着时尚、知书识字，她们的木屋收拾得干净整洁，院子里晒着人参、蘑菇、黄烟、五味子、地鲜……充满生机，日子红火。姑娘们说，她们嫁到这里，是找到了精明肯干的小伙子为婿，他们早出晚归天天"跑山"，他们背着树皮筐，爬山、攀树，付出去的是汗，背回来的是钱，一年的收入不菲。这些年轻人的木屋是买的，只要几百元，重新扶正、抹泥，焕然如新。是山林资源——山林财源，吸引着年轻人，也留下了木房子。这里丰富的山林资源，也吸引着几户人家来这里开炭窑，他们买了木屋住了下来，重新整修，宽敞明亮。窑主收取参地的树根，建土窑烧炭，这些树根是参农的废弃之物，愁得没法处理，空占许多土地。如今用来烧炭，变废为宝。据称木炭供给多家硅厂，收入可观。没有迁出者，许多不是因经济困难而是舍不得这块宝地，在孤顶子西山顶上居住着几户人家，这里没有电，以蜡烛照明，木屋更为纯正，厨房里都有一盘石磨，用来碾米、磨面。劳动力都上山"抓秋"去了，只有女主人在家忙碌。一户人家的孩子还上了大学，在城镇工作，曾劝父母下山，但老人怎么也舍不得这地方、这木屋。

当年的漫江孤顶子木屋，有的主人搬走了，卖给新来者，有的翻盖了，有的迁往异地重新组装……长白山的木屋顽强地保存下来了。与时代相比，孤顶子落后了，这里远离学校，没有医生，没有有线电视……这将给这里木屋的未来带来危机。

这次的漫江孤顶子田野考察，使我们认识到，对长白山木屋的保护与开发刻不容缓。如再迟误，这些满族先人遗存的传统木文化，将在我们这一代人手中断送。木屋是不可再生的民间文化遗存，十分宝贵，我们不能再犯无可挽回的错误。于是在漫江孤顶子考察归来后，我立即动手写考察报告，心情激动，夜以继日，一气呵成，名云《长白山下木屋第一村》，附图片十余幅。报告中陈述了长白山木屋的历史沿革、木屋的构造与特色、漫江镇孤顶子木屋的生存现状、木屋文化的保护与旅游开发价值。

考察报告完成后，复印了十余份，寄给吉林省人民政府洪虎省长、白山市周化辰市长、松江河林业局纪总经理等，10月25日，由杨庆才副省长作了批示："这是个重要发现。请延春同志安排考察并相应做好保护工作。"

省领导的批示附调查报告，很快转到相关部门，漫

秋季木屋人家晾晒黄烟、红辣椒、五味子、绿山菜，简直就是一个五彩缤纷的世界

江镇政府也收到了这一文件。其后，多家新闻媒体，多层行政部门，先后多次去漫江镇孤顶子实地采访与考察。孤顶子居民被告之，现有住房不许拆迁，就地保护。

《人民日报》2004 年 11 月 4 日第 16 版刊发了本报记者江山的文章《长白山下木屋第一村》，以同一标题对调查报告的内容，特别是对木屋的开发价值作了评介。在此前后，《人民日报》吉林网站、新华社吉林分社网站都对调查报告作了报道、评介，附多幅彩色木屋图片。

省领导的批示与新闻媒体的宣传，使长白山木屋文化引起了省、市、县、乡多级政府部门及林业厅、森工集团、旅游局、新闻媒体的重视，已派人实地调查与采访。第一步是实地调查，了解情况；第二步是保护，维持现状，不许拆迁。重要的是第三步，即长白山木屋文化的开发。这需要有现代文化意识的主管领导与专家合作，制定方案，实施开发，孤顶子的木屋文化将成为开发山林经济的聚宝盆，满族先人遗存的文化将得以绵延，为振兴老工业基地、振兴吉林经济出力。

2004 年 11 月 27 日，我们参加了"吉林省第三届长白山文化研讨会"，会上作了《长白山下木屋第一村》的发言，并放映了幻灯片，介绍了 20 年来拍摄的木屋资料，可谓详实、可谓珍贵，会场气氛活跃，观众报以热烈掌声。会后省民间文艺家协会主席、著名民俗学家曹保明先生向我们提出了许多宝贵意见：要以最快的速度写成专著，出版发行，这对木屋的保护与开发将起到推动作用，书名可叫作《长白山最后的木屋村落》。

2004 年是关键的一年，上报给省领导的调查报告得到批示，这给漫江木屋的保护带来了光明。此时，距刘建封《长白山江冈志略》已过去了 96 年。

2005 年　研究专著《最后的木屋村落》出版面世

肩负着漫江木屋保护、开发的使命，我决心以最快的速度将研究专著付梓出版，书名为《最后的木屋村落》，曹保明先生为之作序。这本书大 16 开本，260 页，46 万字。遵照曹保明先生的建议，书的内容主要是介绍木屋，文图结合。此外，还要介绍生活在木屋中的人群，介绍这些山民的生产、生活、崇尚、习俗。这本书刊发大量木屋图片及木屋人的生产、生活、文化、娱乐、信仰等图片，是 20 多年来田野考察中拍摄的，十分珍贵。

我用近一年的时间完成著述，2005 年，距刘建封的《长白山江冈志略》问世间隔了 97 年。

2008 年　重走刘建封踏查长白山之路追寻百年记忆

为了纪念刘建封踏查长白山 100 周年，吉林省长白山文化研究会会长张福有，率副会长曹保明、秘书长梁琴、副秘书长周长庆，组成踏查组，沿着当年刘建封踏查长白山的路线，重走一遍，回顾历史，调查现状，展望未来。5 月 28 日从临江起程，历时一周。

四人走老岭，又称"荡平岭"，乃当年东三省总督徐世昌改称。岭上保留有石碑"荡平岭碑记"。他们直奔曹家沟，寻找当年接待刘建封一行在那吃了一顿早饭的曹家后人，复制了 100 年前的早餐；夜宿长白山，冒强风、寒冷，搭帐篷过夜，体味当年刘建封踏查时的艰辛……他们来到了漫江，这里是当年刘建封在此住了三天的"桃源"。认真考察了木瓦房，看到刘建封在《白山纪咏》中描述的木屋，得以保护、得以传承，十分兴奋。

1908 ～ 2008 年，漫江木屋经历了 100 年的岁月。

漫江木屋从 1908 年刘建封在踏查长白山发现并作了

记述后，从此开启了让后人认知长白山木文化的大门，至今历史前行了 100 年。漫江木屋历经沧桑，仍顽强地屹立于林海中，却随着时代的进程、经济的发展，面临困境、面临消亡。

保护木屋、开发木屋文化，是时代赋予我们的使命，是完成刘建封等前辈未尽心愿，是为后人留下祖宗传承至今的原生态家业，让长白山人创造的木屋文化得到传承、发展。

漫江木屋的百年史话、对漫江木屋的考察与保护研究，备受关注。

2007 年，专著《最后的木屋村落》获中国民间文艺山花奖·学术著作奖。

2009 年，长白山"满族木屋建造技艺"列入吉林省非物质文化遗产名录。

2010 年，国际木文化学会派副会长赵广杰一行四人于 4 月专程来长白山考察漫江木屋。10 月，王纯信、王纪应邀参加在西安举办的国际木文化学会学术研讨会，并在大会上发言，介绍了长白山漫江木屋，引起国内外学者的强烈反响。

2011 年，抚松县漫江镇政府，将孤顶子木屋村的保护开发列入重要日程，党政领导人手一册《最后的木屋村落》，认真研读，以便工作参考。

2012 年 3 月，"国际木文化学会学术研讨会暨长白山之旅"在抚松举行，王纯信、王纪在会上分别发言，介绍木文化、木艺术。大会重点组织考察漫江木屋，中外学者坐牛爬犁进村，观看山民劈制木瓦、烧制木烟囱、抬木头与演唱森林号子……漫江木屋文化迅速传遍国内外。

2012 年 3 月，得到曾在吉林省建设厅工作过的杨桂华女士推荐，我将《最后的木屋村落》用特快专递分别寄国家建设部名城保护处领导与吉林省建设厅村镇处领导。漫江孤顶子木屋村，将参加全国第六批历史文化名城、名镇、名村的申报。抚松县与漫江镇全力为此事奔波。

......

（编者注：锦江木屋 2013 年被国家住建部列入中国传统村落名录。2014 年被列为省级重点文物保护单位。2014 年被住建部、文化部、国家文物局、财政部列入第一批中央财政支持中国传统村落名单。2014 年被国家民委命名为中国少数民族特色村寨。县委、县政府协调省里各相关厅局加大对木屋村的资金投入力度，对木屋村进行修缮保护和文化旅游开发。）

一位老靰鞡皮匠的 50 年情结

我收藏的一双靰鞡，它所承载的故事，神奇又离奇，简直令人难以置信。

长白山里早年最典型的穿着就是靰鞡，它是满族的传统服饰，也为长白山里各族山民所接受、所使用。

靰鞡是满语，因是汉字的音译，所以在不同的史书中亦写作"乌拉""乌腊""兀刺"等，它是生活于长白山区满族男子的重要穿着，其用途、选材、造型、工艺都有着浓郁的地方特点和民族特色。

关于靰鞡，在诸多史料中都有记载：

用方尺牛皮，屈曲成之，不加缘缀，覆及足背。（《鸡林旧闻录》）

土人缝皮为鞋，附以皮环，纫以麻绳，最利跋涉，国语曰乌拉。（《香余诗钞》）

靰鞡为东省之特产，形略似鞋，以牛皮为之，内衬以靰鞡草，耐寒且隔水，为冬季劳动者所必用。（《吉林新志》）

1616 年努尔哈赤在赫图阿拉（今辽宁新宾）称汗时就"足纳鹿皮兀刺靴，或黄色，或黑色"。（《李朝实录》）

靰鞡的最大特色是御寒，在冰天雪地中征战、出猎、砍柴、赶车等，再冷的天、再大的雪也不会冻脚。所以山里的农民穿它、木把穿它、猎人穿它、土匪穿它，抗日战争期间的东北抗联战士也穿着靰鞡与日寇作战。靰鞡之所以如此保暖，主要是楦在靰鞡里面的靰鞡草的作用。

靰鞡在长白山民众的生产、生活中派生出与之相应的民俗民风。

靰鞡多是用好牛皮缝制的，亦有用猪皮、马皮缝制者，专有皮匠铺制作，以两计价，按分量出售。为了结实，在靰鞡后跟要打两个钉子，这种钉子是由铁匠炉锻造的，钉帽儿又扁、又大，延长了使用寿命。

冬天进山打柴，要拉着爬犁在冰雪中上坡、下坡，靰鞡的皮底儿硬而光，很滑，容易摔倒。为了防滑，山民们用草绳子从靰鞡背儿到底儿缠上几道，如同今天为汽车轮子挂上防滑链子，增强了摩擦力。

穿靰鞡是很有学问的，如果不能熟练掌握这一技能，就会"冻脚"，甚至将脚冻坏。首先，要将靰鞡草捶好，这是将草一把儿、一把儿地放在木墩上用木锤子捶，使草变得十分绵软，然后散落开，均匀地铺成一个片儿，楦进靰鞡里。

因为穿靰鞡、脱靰鞡很费事，所以一般从早到晚不脱鞋，就穿着靰鞡坐在炕上吃饭。久之，山里人就形成了这种习惯，家里干活的老爷们儿和外来的客人上炕吃饭时都不让脱鞋。你若脱鞋，主妇就会一把将你搲到炕上去，这是对亲朋好友尊重、实在的表示。

在平坦地方或城镇的居民，难以找到靰鞡草，就用苞米叶子代替。将苞米叶子用铁梳子或木梳子梳成细细的条儿，也有保暖的作用，但远不及靰鞡草暖和、耐用。

如今，在长白山区，这种牛皮靰鞡已不多见了，一是因为造价高，二是穿着不便，取而代之的是"胶皮靰靰鞡"。这是一种专为农民生产的又肥又大的棉胶鞋，里面还是要楦上靰鞡草或苞米叶，这实是靰鞡的延续与发展。

靰鞡在歇后语中也有许多记述。如"三十儿晚上穿靰鞡——穷脚（穷搅，意为无事生非）""靰鞡脚踢格格——褶子了（惹灾了）""二百块钱一双靰鞡——贱皮子""穿靰鞡进门坎——先进褶（先进者）"等。

直至20世纪60年代，在农村，农民冬天砍柴、赶车、刨粪、串门等户外活动都要脚穿靰鞡，小学生上学也都是脚穿靰鞡，只是鞋码要小，分量要轻。春天种地时，生产队长发话道："明天种苞米，踩格子，男的都要穿靰鞡。"因为靰鞡的底儿平而宽，将垅台踩得很平，像滚子压出来的一样。

再后来，随着人们物质生活条件的改善，靰鞡淡出人们的生活，皮匠不缝了，人们不穿了。

我在田野考察中十分着意要收集几双当年随处可见的靰鞡，却一直不见踪影。功夫不负有心人，我终于收集到一双上好的牛皮靰鞡。那是2000年3月13日，我配合通化电视台编导夏韵华拍摄"满族枕头顶刺绣"的专题片，开着一辆面包车，带着枕头、花线筐箩、绣花鞋等道具，由侯玉梅作向导，来到了通化县金斗乡北沟村，选了一户传统的草房作为拍摄现场。

金斗，原为满语"金斗伙洛"，意为敞亮的山沟，是当年努尔哈赤活动的地方，现在是朝鲜族满族乡。而北沟，是金斗乡的一个偏远山村。

拍摄时，围观的老乡很多，我不能错过这个机会，就逐一询问谁家保存有靰鞡。一位40多岁的农民站过来说："我家老爷子有一双，还没穿过。"我的眼睛一亮，请他回家拿来看看。

这真是一双崭新的牛皮靰鞡，其主人今年已80多

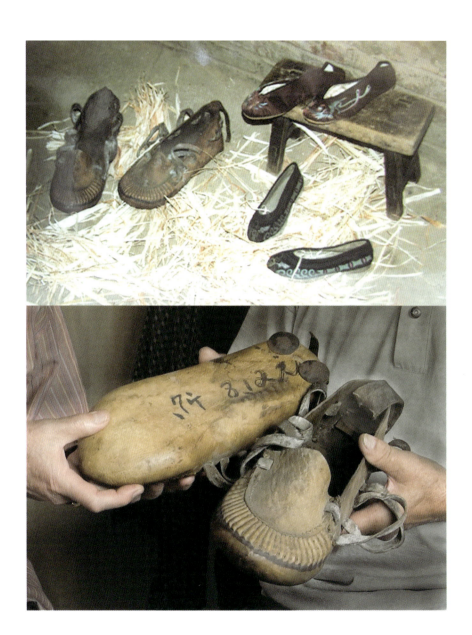

平坦地方或城镇
的居民将苞米叶
子梳开后替代靰
鞡草楦鞋来取暖

一只靰鞡的鞋底
上写有"0.7斤""8.12
元"字样。靰鞡的
价值按重量计算

岁，是合作化时买的，一直没舍得穿，锁在柜里保存至今。我仔细察看，一只鞋帮上盖有一方形蓝色印章，上面的字清晰如初，写明"大泉源铁木业社制革组"，确实是20世纪50年代合作化时的制品。再看，在鞋底上用毛笔蘸墨写有"0.7斤""8.12元"字样，这是标明这双靰鞡的重量是七两，售价八元一角二分。

原来，当年靰鞡的价值是按重量计算的，1斤重的靰鞡就是最好的了，那需选用牛背的好皮子，厚而结实，也重。当时买靰鞡是宁大勿小，里面可以多楦靰鞡草，用以取暖，所以在民谣中云："抄山路，走近道儿，靰鞡不分号儿。"

靰鞡可用鹿皮、狍皮等野兽的皮来缝制，常见的是用牛皮，结实耐磨，可穿用许多年。一双好牛皮靰鞡是很贵的，这双靰鞡50年前卖8.12元，相当于如今最好的一双皮鞋了。几经商讨，我付70元买了下来，真是如获至宝。

以后，我在通化市二道江区鸭园镇一户农家又找到了一双靰鞡。这家的主人叫彭庆江，约40岁，他打开炕柜的锁，从里面拿出一双靰鞡，崭新的，没穿过。

彭庆江说，这是他父亲留下来的，是"文化大革命"前生产队发的，当时劳动力每人一双，从工分中年终扣款。鞋上用毛笔蘸墨写有"一队9号"字样。生产队发放靰鞡还真是个奇闻。

彭庆江的父亲当年没舍得穿这双靰鞡，到了儿子手中，也舍不得用，锁在了柜里。鞋里面用来装手表、项链、耳环之类的细软之物，成为了一个"首饰匣儿"。靰鞡鞋和首饰同提并论，可见其珍贵。

其后，我又先后在通化市和东丰县找到了两双靰鞡，各有不同的经历，都有一个动人的故事。

我对满族民间美术遗存的收集与研究，在学术上产生了较大的反响。我藏有多双靰鞡的信息也不胫而走。

2001年7月，吉林省电视台青年编导汪晶美几次来电话，邀我去省台"找你"栏目拍一期"靰鞡"节目。7月6日晨，我乘火车到长春，直接去省电视台见汪晶美。我们一起研究了"靰鞡"这期"找你"节目的程序，我主要讲这双靰鞡的珍稀珍贵、寻宝经过和它的艺术价值。下午2时在摄影棚实拍，我手提在金斗找到的那双靰鞡上场，四周灯光耀眼、光芒如火。我因是教师出身又有影视采访经验，所以言谈自然，实播20分钟的节目录制，一遍告成。

吉林电视台当时的"找你"节目很受欢迎，收视率很高。观众看过"靰鞡"节目，开阔了眼界，知道这民间的"靰鞡"原来是宝，价值不菲，具有很高的收藏价值。很快，吉林省各地及辽、黑两省的古旧物市场、古玩市场均开始收购与销售靰鞡，这乡土的器用登上了大雅之堂。

我收藏的靰鞡都摆放在通化师范学院满族民间美术陈列馆的展柜里，又写到了我的多本著作中。我却一直在想，那双印有"大泉源铁木业社制革组"的靰鞡还能找到当年的皮匠吗？那双靰鞡是谁缝的呢？当年的工艺是怎样的呢？这都是半个世纪以前的事了，能找到答案吗？

这一心愿得到通化县公安局政委刘树林的帮助，他是通化县人，同学多、朋友多。经打探，他的一位初中同学的父亲是皮匠，会缝靰鞡，叫林凤武，我喜出望外。

2003年12月5日，我与王纪带着摄像机、照相机去通化县快大镇，顺利找到林师傅家。林凤武时年已81岁，属猪，辽宁宽甸人，从小跟父亲学皮匠，会熟皮子、缝靰鞡。

我问道："您在哪个皮铺做活？"老人说："1946年土改时，我在通化县大泉源乡当皮匠。1948年解放后，大泉源成立了铁木业社皮革组，还是缝靰鞡。1954年合作化时，我就是负责的了。"

我听了大吃一惊，张开的嘴，迟迟闭不上。天啊，我那双靰鞡不就是出自那里吗？！

我马上从兜子里拿出了有字、有章的靰鞡给老人看。他也是大吃一惊，张开的嘴比我的还大。真是无巧不成书，真是像在编故事。他说："我一眼就认出来了，这正是我们做的！50多年了，还保存得这么好，你们在哪里找到的呀？"他翻过来倒过去地看，不停地抚摸着，像是找到了离散多年的孩子。

林凤武老人在仓房里翻出当年裁好未完成的靰鞡皮料。老人兴奋得像个孩子，话多了起来，说起来没完。

老人说，那时皮革加工第一步是熏皮子。自己砌的"熏皮灶子"，将苫房草尖朝下"堆"，点着冒烟，将皮子铺到灶顶的板上熏，皮面上泼水，每天熏两次……

刚剥下的皮子叫生皮子，经过一系列程序才成为熟皮子，就可以加工缝靰鞡了。

当时皮革组有五六个皮匠，主要做靰鞡，时价一两

2003年，王纯信找到当年大泉源铁木业社制革的老皮匠林凤武，这双7两的靰鞡正是林凤武老人所做

靰鞡一元多钱，成品交供销社销售。

当时，关东各地的皮铺做工有别。靰鞡脸上的褶多少不同，南边——宽甸、恒仁以南，其褶从中间数，每边 14 个，一只鞋 28 个褶；北边——通化以北，其褶从中间数，每边 8 个，一只鞋 16 个褶，体现出南北不同的风格。

1956 年，通化县成立皮革厂，林凤武任厂长，从大泉源迁到快大茂子菠萝芽沟，后来迁到河口。用化工材料熟皮子、染皮子，逐渐从做靰鞡改为做皮鞋了，原来做靰鞡的工具都没有保存下来。

老人一边说一边在纸上画，介绍靰鞡的下料与剪缝……

这双靰鞡的故事，这位皮匠的情怀，历时半个世纪，画上了圆圆的句号。

林凤武老人在仓房里保存着好几麻袋当年裁好未完成的靰鞡皮料

神树崇拜今犹在

神树崇拜是长白山民众图腾崇拜的重要内容。

近年来，地处吉林省东南边陲的长白山区，由于资源丰富，山区经济得到持续发展。但这一地域山高林密，河流湍急，交通险阻，"要想富，先修路"成为新农村经济发展的重要课题。这几年山区公路建设迅猛，高速公路、一级公路、山区公路，穿山越岭，跨江过河，四通八达。

在公路的勘测、设计、施工过程中，如何对待、处理在山民中有广泛影响的"神树"，成为一个新问题。山民的民俗信仰、崇拜与山区新农村的公路建设如何协调、统一迫在眉睫。

在长白山里，至今保留有"神树崇拜"的遗风，许多地方都将树龄高、树干扭曲、枝繁叶茂的大树奉为神树。每逢年节，树下香烟缭绕，供品不绝，还在树干上挂上红红的布条，层层叠叠，随风飘动。

抚松县城郊有一棵大榆树，树身包疖，窟洞遍体，历尽沧桑，却枝叶参天，充满了神秘。这棵大榆树高22米，周长4.7米，直径约1.5米，需四五个人合抱才能围起来。据讲，这棵榆树有500余年的高龄，它目睹了满族先人进长白山挖参、打猎，山东流民闯林海伐木、淘金的历史。大榆树与山里人长相厮守，结下深缘，因此，在方圆百里被奉为神树，香火最盛。

于1996年完工的松抚公路（松江河镇至抚松镇）建设时，经勘测，大榆树正处在公路的中心线上，必须连

根除去。消息一传出，便引起山民们强烈呼吁，大家联名上呈"万民折"，盖章、按手印，要求保留神树。最后，主管部门认真考虑了群众的民俗崇拜，将神树保留，公路从树的两侧绕行，神树立在路面中间。同时命名它为"榆树王"，与附近的"仙人洞"遥相呼应，成为抚松县的旅游资源。如今这棵神树成为山里的一大景观，过往的大小车辆途经树下，常要停车，驻足观瞻，祈求一路平安。

除此，据作者田野考察，在长白山区梅河口市至山城镇公路边的"神树"，辉南县三角龙湾风景区路边的"神树"，柳河县和平水库度假村路边的"神树"，等等，都在新修公路时得以保护，得以耸立在公路边上，成为当地的一大景观，成为旅游开发的一个亮点。

抚松县城郊的大榆树在松抚公路修建时，因山民的呼吁而保留下来，成为一道亮丽的风景线多少年来，大榆树与长白山民众相随相伴，成为一方的"保护神"。谁家的孩子体弱多病，怕不好养活，就前来认老榆树为"干妈"。妈妈领着孩子来到神树下，解下身上的围裙，铺在地上，摆上供品、点上香烛，将事先准备好的红绳串铜钱的长命锁挂在树枝上，然后让孩子跪下磕头认"干妈"，磕一个头要喊一声"妈"，母亲站在树后代之答应一声。叩拜完毕，母亲将挂在树枝上的长命锁挂到孩子脖子上，还要虔诚地祈求神树妈妈保佑孩子一生平安、健康。山民家里有病人，则向神树祷告，祈求神树保佑并许愿。希望孩子高考得中、求职成功、外出平安等，家人也来求得神树佑护……

长白山里的神树崇拜是有其历史渊源的。树作为有生命力的象征在各种宗教中都占有重要位置，如佛教中有菩提树，基督教中有圣诞树。信奉萨满教的诸多北方民族，多生活于莽莽林海中，以狩猎为业，更与树木结下深缘，形成了树神崇拜，敬树为神。

萨满巫术仪式中，树既作为神灵所居的圣所出现，有时又作为天地的柱子、宇宙的梯子出现。所以神树又被称为图腾树、世界树、宇宙树、天树、天梯等。在人

山民在神树下摆供
为家人祈福并许愿

们的想象中，把星空比作圆形帐篷，在它的最高点有北极星的光亮确定方向，支撑天空的强有力支柱就是大地中心的高山或者是立于高处的世界树。人们认为神树是世界的垂直轴心，联结着三分宇宙：根须部分是地界，树干部分为中界，树枝部分为天界，所以神树是没有顶的高至天上的树。

满族神树崇拜更为古老。清代《黑龙江外记》载："佛满洲家立索摩竿，春秋二仲行还愿、跳神、背灯、换索诸礼，与都下无异。"这索摩竿即索罗杆，就是一棵树干，是神树的象征。满族萨满教的理念中认为榆树、柳树是繁衍的象征，是生命的发端、种族兴旺的体现，能佑护族人平安康泰……这些都是"祝愿民俗"的体现。

至今鄂伦春猎民留存着进山前祭祀山神的习俗，山神"白那恰"用神树作为祭祀对象在大众的信仰民俗中，"祝愿民俗"成为其中的重要内容，从原始人群的"图腾崇拜"至现代人群的"祈求安康"，人们在与大自然的和谐相处中，大自然赐给人类衣食之源，也成为人类繁衍、安康的依托。在现代生活中，人们的物质生活得到极大改善，更是在精神世界里追求幸福、平安、健康、长寿，"祝愿民俗"为现代人广泛接受。在过生日时，人们要在"祝你生日快乐"歌声中许个愿；在人们面朝蓝天、足登山巅、亲临大海时，在大自然面前，凝视无语，在脑子里会闪现一个又一个的"祝愿"，这些自然物成为"祝愿"的载体。在长白山林海中，"神树"成为了山民"祝愿民俗"的依托，这些祝愿包含了丰富的内容，成为现代人精神世界的重要部分。

长白山区神树崇拜体现的"祝愿民俗"，是长白山区文化历史的生动体现，是长白山人热爱家乡、热爱自然的形象写照，是长白山人一代代传承延续的非物质文化。在新农村的开发建设中，对扎根于民众中的"祝愿民俗"进行调查研究与保护开发，是十分重要的。

扢筐与"老扢"

　　满族及其先民生存于莽莽林海中，是个森林民族，历史上没有经历陶器时代，没有经历青铜器时代，衣、食、住、行都与树木结缘，创造了独具特色的"木文化"，扢筐就是其中的精彩一页。

　　扢筐，是在长白山区广阔地域上最常见的筐，称谓很多。有的地方称之为拐筐、拐子筐，这是使用时用胳膊肘拐着筐梁，故名。还有的地方称之为腰筐、猪腰子筐，因其筐口呈元宝形，中间向里凹，如同猪腰子(肾)而得名。

　　还有一种称谓，叫"扢筐"，扢音 kuǎi，方言，意为挎。有趣的是，在农村，特别是山里，常常将老年妇女称为"老扢"，如在介绍自己的老伴时，常常这样说："这是我们家老扢。""老扢"成了对农家妇女的"爱称""尊称"，此俗应用普遍，至今依然。

　　经多年的田野考察了解得知，"老扢"的称谓源自扢筐，因劳动妇女一年四季、一天早晚都离不开扢筐之故。

　　长白山的莽莽林海为山里人提供了丰富的资源，取之不尽。山里人成群结队，男女老少上山去，每人都背

杏条编制的扢筐

着筐、扛着筐，流出的是汗，背回来的是"钱"，这筐与山民结下了不解之缘。长白山脉自东北向西南绵延，总面积8000余平方公里。长白山区森林茂密，植被繁生，素有林海之称。山民们在这一地理环境中生存，衣食住行都与山连在一起，真是"靠山吃山"。

春天，人们要上山采山菜，如大叶芹、刺嫩芽、蕨菜、猴腿儿、薇菜……数不胜数，这些都是来自大自然的绿色食品，除了自己吃，还销往国内外。人们早起进山，带上干粮，晚上回来，可采撷百余斤，这盛装之物靠的是扛筐。边走边采，边往筐里扔。扛筐装的多，扛着省力，是必备之物。

夏日，人们要扛上筐，去山上采"猪食"。满族先人历来有养猪的传统，山里人家家养猪。秋、冬多喂粮食、秕糠，春、夏则要以野菜、野草代之，可以节省许多粮糠。能供作猪饲料的植物很多，如苋菜、灰菜、抓根菜、水稗子、红眼儿巴子……农家妇女手疾眼快，一会儿就能采满一筐，扛回家来。之后把菜拦上几刀，放在大锅里煮开。这些野菜、野草，味儿微甜，猪爱吃又上膘儿。猪多的人家，需手不离筐，往返奔波。

秋天，是收获的季节，山民们起五更爬半夜进山，

通化市东热村农民
郭志梅在扛筐农忙

通化县果松镇
农民肩扛扛筐

称为"小秋收"。

一是捡蘑菇。老林子里长着的猴头蘑、榆黄蘑、榛蘑、松树伞、扫帚蘑、鸡油蘑……不可计数，遇到一棵大倒木，就会找到一大片蘑菇，够你采一天，让你拿不动。筐装满了，还要把裤子脱下来，用绳儿扎上腿脚儿和裤腰，里面全装上蘑菇，挎在脖子上下山……

二是采药材。长白山的珍稀中药材是很多的，因为是纯天然植物，所以药效好，售价高。除人参，还有黄精、三七草、三花龙胆、天麻、大独活、大叶柴胡、长白瑞香、不老草……足有数百种，这些中药材有的要采撷，有的需挖掘，手握着小镐头，边走边挖，随手扔进筐里……

三是采山果。秋天，各种各样的山果成熟了，如山杏、山梨、山里红、榛子、李子、山核桃，还有一种最有长白山特色的山果，那就是松籽儿。红松是参天大树，树龄可达 500 年，树高达 35 ～ 40 米。红松的种子，即松籽儿，含油率 70% 以上，种仁儿白色，肉细腻，含脂肪，味美，可制高级糖果。打松籽的山里人要年青力壮，胆大心细，要在双脚绑上铁制脚轧子，下面有锋利的钉尖。攀登红松时，双手搂抱树干，双脚的铁轧子交替轧在树干上向上爬去，要登到树顶，离地有几十米，遇到有风天气，树在摇，人在晃，真是惊险之极。农历八月十五之后，松塔成熟变成黄色，人在树上晃动树枝，松塔可摇落地下，称之"打黄塔"；如不到成熟时节，松塔是绿的，需折断松枝连同松塔一起扔下来，称之"打青塔"。"打青塔"因松籽未熟透，是被禁止的。还有山葡萄，色深味醇，制成的葡萄酒深红浓艳，风味、品质甚佳。通化葡萄酒，以山葡萄为酿造原料，享名国内外。

人们成群结队，扛着筐进山，在密林中穿行，都是满筐而归。一个秋天，日夜奔忙，把各式各样的"山宝"

牛角镂子

用牛角镂子将
条子破成三瓣

村中巧手艺人可以靠
笊篱销售贴补家用

王纯信、王纪在清河
镇采访编篓老艺人

扛下了山，扛上了市场，这筐立下汗马功劳。

　　冬天，户外劳作要少了许多，农家妇女却是没有闲着的时候，还是离不开扛筐。一是要下到菜窖里，修理白菜，将菜帮子扛出来喂猪，还要将现吃的土豆、萝卜扛回家来，堆放在厨房里。二是要到苞米楼子（仓房）将苞米棒子一筐一筐扛回来，扒粒后上磨推，分选出大碴子、二碴子、小碴子、苞米面，都是现扒、现磨。三是去赶集，将家里的鸡蛋、土豆、萝卜、酸菜等扛到集市上去卖，换了钱再买些盐、油、针头线脑儿及点心、糖果、鞭炮等年货，放在筐里，高高兴兴地扛回家来。

　　……

　　扛筐是山里人必备的生产生活用具，往往一家有几口人就有几个扛筐，筐的大小按男、女、大人、小孩而有区别。同样是扛筐，所用的编结材料多有不同，造型也有所区别。

　　这扛筐，可用肘拐，筐底儿搭在腰髋上，筐体与腰部紧靠在一起，能分担一部分重量。还可以将筐扛在肩上，筐肚儿向里凹，正好容下扛筐者的头。扛筐能拐、能扛，筐的造型与人体的承重部位相互照应，体现出编筐者的智慧，这是山民们在数百年的劳动实践中逐渐完善的。

　　扛筐，是满族筐编工艺中的一个品类，因造型美观又结实耐用，沿袭至今。扛筐是用杏条编结的。杏条，学名胡枝子，豆科，落叶灌木，高 1～3 米，主要分布于中国东北及日本、朝鲜、俄罗斯等地，在长白山区到处生长，取之不尽。

　　编筐多选用生长两年的杏条，色发红，称之"二年红"，结实而有韧性，色泽好看，是理想的编筐材料。

　　用杏条编扛筐的加工工艺较复杂，需要有较高技艺的工匠才能完成。工匠每年在立秋之后去山上割条子，经过"困浆""修杈"，再用牛角锼子将条子破成三瓣，还用"拨噜棒儿"将条子破成扁片儿，分别用来编筐体和打筐底儿。在最后要插梁儿、扭沿儿、调整造型，正如关东谚语所说："编筐编篓，全在收口。"

扛筐与劳动妇女结下不解之缘，在民谣中得以流传，民俗学家孙树发收录有《小老扛扛筐歌》。

小老扛，把筐扛，
走起路来拐达拐。
拐达拐，到南崴，
扛回一筐猪食菜。
猪食菜，喂年猪，
一喂喂到（腊月）二十五。
二十五，把猪杀，
儿子闺女都回家。
……

大山里的小粉坊

在关东这块黑土地上，土地肥沃却又无霜期短，适于土豆的种植，越往北，土豆长的越大，亩产可达千斤。

用土豆漏粉，加工成宽粉条、细粉条、冻粉条成为地方特产。在关东菜系中，许多名吃离不开粉条，如家喻户晓的"小鸡蘑菇炖粉条""猪肉粉条炖酸菜"等已上了大饭店的宴席。

当年，在农村，做土豆粉条的小作坊很多，几乎每个村屯都有，有的地方甚至有几家。每年秋天，起土豆了，粉房也就开工了……集市的地摊上、木案上堆放着用高粱秸打捆的粉条，有细有粗。赶集的老头、老太太、姑娘、媳妇都来办年货了，上供的猪头、包饺子的白面、给孙男弟女的新衣服，还有红灯笼、绿鞭炮……再有，就是一定要买几捆粉条。把这些年货都装到了爬犁上，女人们也都坐了上来，小孩怕冷披上一床被，男人在前面拿着鞭子，牵着牛爬犁进山了，一路欢笑一路歌。

如今在城里的超市、摊床上摆放的多是机制粉，不抗炖、口感差。

当年乡间手工漏粉的小粉坊还有吗？那传统的漏制土豆粉的技艺还在吗？能传承下来吗？

我决心要将民间的小粉坊找到，把漏粉的技艺记录下来，传承下去，这是我们非物质文化遗产保护研究、开发的时代使命。

我给县里、乡里的多位朋友打电话，请帮助查找小

粉坊，得到的答复是"没听说""不能有了吧"。这些答复好让我上火。

2006年9月的一天，我的好朋友、女作家孙艳华来电话，说她远房的姑姑孙凤峨那地方有小粉坊，还在生产，地点在东丰县影壁山。那里是个十分偏远的小山村，竟不通客车，只有一辆面包车，每日往返，与外界沟通。

真是"柳暗花明又一村"，我马上组织了师院满族民间美术研究中心的全部人马，带上两台摄像机、三台照相机，师院肖平院长大力支持，给派了一辆面包车。同行的有"向导"孙艳华和她的丈夫胡堂林，还有她的父亲孙凤林老先生，他是在那里长大的。到了村里后，还请出了一位村干部。

这个小粉坊没有招牌，个人家院子中的三间简易房子为车间，还有院里存放土豆的仓房，一排沤粉子的大缸和房后晾粉的一排排木架子。

这家小粉坊的"老板"叫齐显亮，50多岁，本地人。他漏粉的手艺是家传的，生产队时不允许自己干了，集体时代又干不起来，这门手艺近于失传。如今改革开放

东丰县影壁山乡村小
作坊手工制作的粉条

政策好，他和弟弟重操旧业，在村里分别开办了自己的粉坊。他从村里找到漏粉的老把式——瓢匠、芡匠，与一帮年轻力壮的小伙子，就干了起来。由于做出的粉条受到欢迎，供不应求，一些单位派车来拉，有的商家予以包销。

齐显亮见我们这一帮人挎着照相机、扛着摄像机，顿时紧张起来，急问："你们要干什么？"我说："要将漏粉的全过程记录下来。"他连说："不行，不行，不行！"连连摆手叫停。我一见此种情况也急了，忙上前说明："我们是通化师范学院美术系的，拍摄下来作为学生画画的参考，绝对没有别的意思。"村干部也上前说情，他的脸色才阴转晴。

原来，他以为我们是工商部门来取证后"曝光"的，因为他这小作坊没有任何手续，诸如工商执照、卫生合格证、防疫合格证、安全合格证等统统没有。他一再说明不是不办，而是不批，所以一直怕被曝光，见着照相机、摄像机就害怕。

齐显亮说："正好今天出粉，你们赶上了，随便吧。"我们几个人马上投入"战斗"，摄像机、照相机，左右开弓，漏粉师傅们也各司其责，只见一口 12 印的大锅里的水已滚开，炕上粉匠将粉砣用平锹铲出粉面，然后放在地中央的另一口大锅里，锅用木架支起来高约 1 米。这时芡匠出来了，取适量粉面，加适量开水，里面还有白矾等，用一木杵快速搅动，这就是"打芡"。这是粉坊的技术活，芡的多少、芡的成分是保密的。然后合粉子，往地上的大锅里加水、加粉子，有七八个小粉匠围着大锅站成一圈，两只手连同胳膊都插进粉子里，一边端一边转圈，整齐地移动脚步，有人喊着号子，真是有气势。

这时瓢匠出来了，他取一团面，放在漏瓢里，用手拍，粉条漏进开水锅里，马上就熟了，他捞出来尝尝，判定质量、火候。

"好了！"瓢匠一声令下，立刻开干。只见瓢匠坐在锅台上的一个小板凳上，小瓢匠抓起一团面，放在漏瓢里。瓢匠左手握瓢把儿，右手执掌，用力拍打，粉条从瓢底的孔中漏出，由粗变细，进入滚开的大锅里。旁边有人用两根特长的筷子翻动几个个儿，就挑到旁边的凉水锅里，再挑到凉水池中漂洗、理顺，搭在一个个木棍上，就拿到院里上架了。等晒干了，就可用高粱秸打捆上市了。

漏粉有两个重要人物，一是芡匠，他掌握粉条质量的核心技艺。二是瓢匠，他首先要"屁股硬"，坐在开水锅的边上，汗如雨下，要一坐几个小时；其次是"腕子硬"，所有的粉条都是他"啪啪啪"拍出来的，要有强体力，真功夫。

小粉坊生产的粉条，不滑条，口感好，质量上乘。但是小粉坊为季节性生产，秋天起土豆时开工，天冷了歇业；为家庭式作坊，规模小、产量有限；全为手工生产，劳动强度大、劳动条件差，年轻人吃不了这个苦。所以

晾晒备用的粉砣

漏粉工具

瓢匠漏粉

民间粉坊晒粉

其产量占市场的份额很少,无法与工业粉条竞争。

所以对粉条这一优秀的产品及其传统的技艺,要进行保护、研究,将传统技艺加以传承,加以开发,加以提高,走进市场。

为了对粉坊老板的支持表示感谢,我们买了100多元钱的粉条,装满一个大编织袋。老板乐了,小眼睛眯成了一条缝。

王纯信等调研
漏粉制作工艺

承载时代变迁的烟笸箩

　　我从事满族民间美术工艺品的收集、收藏与保护、研究，藏品中有用多种材料制作的烟笸箩，具有很高的研究价值、社会价值，堪称"珍品"。

　　烟笸箩，是用来盛装黄烟的小型器物，是圆形或椭圆形的"片儿筐"，直径 30 厘米左右，高在 10 厘米以内，多用柳条、篾条编成。在长白山区，烟笸箩的制作材料多种多样，有的是用木板钉的；有的是用桦树皮缝的；有的是用布一层层糊的，如同打袼褙一样；还有的是用各种纸材糊的，真是多姿多彩。

　　烟笸箩，是满族烟文化的载体，因满族的家乡——长白山区气候寒冷，又蛇虫多，所以满族山民不分男女老少，都有吸烟的嗜好。因此，在关东山民谣"三大怪"中，有"十八岁姑娘叼烟袋"之说。

　　山民将黄烟叶儿的烟梗子"撸"掉，烟叶放在烟笸箩里。一家人各有各的烟袋，烟袋杆儿的长短、烟袋嘴儿的材料、烟袋锅儿的大小各有不同。在烟笸箩里还放一两个公用的烟袋，是给来串门的客人用的。如今的烟笸箩里还装有卷烟纸、香烟、打火机之类，任人选用。

　　山里人好客，来了亲朋、邻里，先是让到炕上坐，然后就端来烟笸箩，请其抽烟。对尊贵的客人或长辈，要给装烟、点烟，称之为"敬烟"。儿媳妇每天要给公公、婆婆敬烟。年节时，还要到坟地上给祖宗敬烟。

　　长白山里冬夜漫长，外面雪飞风吼，屋里却温暖如春。山民们挤坐在热炕上，中间放一个烟笸箩，一人一杆烟袋，一袋接一袋地抽，听当年的老猎手、参把头讲长白山里的精怪故事。山里人晚上多不点灯，屋子里一片漆黑，只见烟袋锅儿里的烟火一闪一闪，烟气时隐时现，仿佛那美丽如仙的人参姑娘、那眼睛放绿光的狼精、那有千年道行的树怪躲藏在屋角里，吓得姑娘、小子不敢上厕所。山里人讲"瞎话"就是这么来的吧！这就是满族的烟文化，烟笸箩是烟文化的重要载体。

我收藏的这些用多种材料、不同工艺制作的烟笸箩，是具有浓郁地域特色的工艺品，均为五六十年前的艺术遗存，十分珍贵。其中有两件用不同纸材糊的烟笸箩堪称珍存。

一件是钱币烟笸箩，是用"东北九省流通券"裱糊而成。圆形，直径25厘米，高10厘米。笸箩的里面、外面全部用"东北九省流通券"100元大钞糊的，横竖交错，共用了30多张。钱币上清晰印有"中央银行""中华民国三十四年印"字样，正面椭圆形图案为"山海关城楼"，票幅为6厘米×15.4厘米。

东北寒冷，满族人的生活离不开炕。山民们围坐在炕桌旁，抽着烟讲述着"瞎话"，一辈辈传承着古老的文化

　　经考证，这是 1945 年抗战胜利后，国民政府为维护在东北的统治，将东北三省划为九省，即辽宁省、安东省、辽北省、吉林省、松江省、合江省、黑龙江省、嫩江省、兴安省，并发行东北九省流通券，限于当地使用。至 1948 年，随着辽沈战役打响，东北局势突变，国民党政府经济危机，通货膨胀严重。1948 年 9 月，颁布《金圆券发行办法》，废止东北九省流通券，以 1 元金圆券兑换 30 万元流通券，兑换截止时间为 1948 年 11 月 20 日。至此流通券在上市 2 年零 11 个月后退出货币舞台。当时东北地区的人民苦不堪言，一麻袋流通券买不到一斗高粱（40 斤），这钱成了废纸。

　　就是在这一历史背景下，山民将手中存有的废弃流通券拿来裱糊成烟笸箩。这流通券纸张挺实，又有花色，结实耐磨，真是废物利用之举。

　　这个烟笸箩是在新宾满族自治县的一个偏远农村收集的，是一位山民的奶奶当年自己糊的，一直放在炕上，

在东北男女都有
抽长烟袋的风俗

距今已有 60 余年。烟笸箩经历了岁月的沧桑，有烟气熏、烟火烧留下的痕迹。糊在里面、外面的钱币边沿处有磨损，其余保存完好，色泽、文字清晰。

这个烟笸箩，不仅是一件独特的民间工艺品，更是一段历史的实物见证。这笸箩里盛装的不仅仅是黄烟，还盛装着半个多世纪以来它的主人所经历的生活、习俗、信仰、传说……

还有一件用"粮票"糊的烟笸箩，为长方形圆角，有盖，长 30 厘米，宽 23 厘米，高 16 厘米，其盒体和盒盖全部用粮票一张张并排粘贴，有横、有竖。粮票是白纸上印黑字，有"粗粮票""肆两""一九五八年""只限本食堂使用，对外使用无效"字样，票幅为 8 厘米 ×4 厘米。因年久又烟熏尘染，通体呈黑色，许多处字迹不清。

粮票、内部食堂粮票是中国 20 世纪 50 ～ 70 年代的产物，是中国计划经济、粮食统供统销的标志。那时无论城乡，粮食定量到人。农村人口是"够不够，三百六"，即每口人每年 360 斤毛粮。城市人口则按工种定量：居民每月 27.5 斤，职员、教师每月 31 斤，学生每月 35 斤，重体力劳动者每月 42 斤。这其中，每月细粮有定量，白面、大米共 3 ～ 5 斤，豆油每人每月 5 两。"文化大革命"中每人又"节约粮食"，减为 1 斤，豆油减为 3 两。

在那个年代，人民生活水平不高。农村不许种小块地，不允许自家养猪，肚子里没有油水，粮食常常不够吃。那时无论城乡，都要"大办食堂"，认为这是坚持社会主义方向。"吃食堂"成为人们一日三餐的去处。

就是在这一背景中，有了"食堂内部粮票"。这种票是铅字印刷的，有二两、三两、四两、六两之别，以四两为常用。又有"细粮""粗粮"之别。就餐的人要将"粮食关系介绍信"从粮食供应站起到食堂，上面标明粮食的斤数与粗、细粮数。食堂据此给兑换相应数量的粗、细粮票。吃饭时，打几两饭，是粗粮还是细粮，当场交票、验票，当然还要交钱票。

那时粮食品种很少，细粮就是白面、大米，蒸成卷子或大米饭。粗粮是清一色的苞米饼子。

1978年党的十一届三中全会以后，农村实行联产承包，可以种自留地，生产力得到空前的提高，当年就解决了温饱问题。当时鼓励农民发家致富，许多人短时间内成为"万元户"。农家大搞家庭养殖，城里的副食品供应一下子丰富了，可以吃到当地种植的"吉林大米""柳河大米"，真正是顿顿大米干饭，猪肉炖粉条子随便造（吃）。至此，粮食供应站"关门了"，"粮食供应证"没用了，"粮票"成为古董，进入了收藏者的本本中。

这个糊制于30多年前的烟笸箩，是出自集安大路乡的李老爷子之手。当年他全家口攒肚省，才储存下来这些粮票，留待需要的时候拿出来换饭吃。真是没有想到，土地承包到户，当秋就获得大丰收，仓里、院里堆满了粮食，还有"肥猪满圈""鸡鸭成群"。春节时杀了年猪，真是"酒足饭饱"，"尿里都带油星儿"。李老爷子翻出当年省下来的这些粮票，真是感慨万千，于是就动手糊了这个大烟笸箩，说是要"留个念想"。

这个粮票烟筐箩，造型独特，是同类制品中的精品。难得的是，它以粮票代纸，记述了中国改革开放带来的经济发展、人民生活变得丰衣足食的一段历史，是时代巨变的见证。

这钱币烟筐箩，这粮票烟筐箩，不仅是珍贵的艺术品，也是活态的历史。

满族格格的大烟袋

　　烟袋，作为满族烟文化的载体，多少年来，我致力于对它的收集与研究。至今，我收藏有数十杆烟袋，其烟袋嘴、烟袋锅、烟袋杆在大小、材料、造型、工艺等方面均千差万别，是一门深奥的学问。

　　"十八岁姑娘叼烟袋"是描述关东山习俗中的名句，是说当年长白山区的满族妇女有嗜好吸烟的习俗。满族称烟为"淡巴菰"，这在古籍中多有记述："妇女皆嗜淡巴菰，室女亦幼而习之，嫁时始见夫家女亲长，必先装烟相奉。"女孩从小就吸烟，这吸烟、点烟、敬烟还是一项重要的礼仪程序，成为满族妇女的必修课，也成为满族烟文化的重要内容。

　　在产生于清代末年，流行于民国初年的满族民歌中，对满族妇女的烟文化有生动、形象、细腻的描绘。

大烟袋

　　大烟袋，江石嘴儿，小红鞋，疙瘩底儿。

佟大姑

　　佟大姑，长的俏，新花手巾围三道儿。

　　大坎肩，底镶边儿，扭搭扭搭一袋烟儿。

　　这是对当时满族青年女子的工笔画像，姑娘、媳妇的衣着既保留了满族的服饰特色，又很时尚。同时，烟袋成为不能离手的重要配饰。

满族姑娘抽烟
和敬烟的风俗
王宏硕／摄

当时烟袋、烟具还是姑娘必不可少的嫁妆，是娘家陪送的重要物件。

要陪送

大清一统锦江红，道光爷坐下三十冬。

……

李家营有个李万贵，他的姑娘叫李兰英。

姑娘长的一百成，兴出此事要陪送。

……

六月姑娘要的全，父母在上听儿言。

搭子荷包银烟袋，玉石嘴，上边安。

金牌子，配火链，时兴荷包绣貂蝉。

包铜烟盆要一对，里边装上千层板。

乌木杆子三尺三，片子烟，料子全。

丝罗罗，兰花烟，要紧别忘关东烟。

　　这满族姑娘要的烟具可谓齐全、时兴，烟袋是乌木杆儿、玉石嘴、银烟锅儿；装烟的烟荷包上有精美的刺绣；当初的烟筐箩改进为黄铜镶包的烟盆，里面有隔层；铜烟盆中装的烟已不是单一的关东烟淡巴菰，还要装洒有香料的片子烟、加工精细的烟丝，这些是当时的泊来品。这件件烟具都是加工精美的工艺制品，为满族姑娘的婚嫁锦上添花。

　　烟具还是满族女亲家之间礼尚往来的礼品，相互交往的信物。

回娘家

好媳妇，别见外，快去梳洗把花戴。

骑上毛驴回娘家，多咱住够再回来。

叫媳妇，先慢走，头次回家别空手。

咱有上等黄米酒，给你阿玛带一篓。

亲家母，更不外，送她一根长烟袋。

玛瑙嘴，乌木杆儿，黄铜烟锅不大点儿。

烟袋草，更不坏，给你额娘透烟袋。

好黄烟，桂花油，给你额娘解闲愁。

　　当时新媳妇回娘家，要给娘家妈捎去婆婆送上的礼物，其中有烟袋、黄烟，还要送上透通烟袋杆的烟袋草，这是一根无节而结实的山草，却成为了亲家间的礼品。

满族的烟文化源远流长，丰富多彩。它的形成与关东大地冰天雪地的气候条件有关，与莽莽林海的自然环境有关，与满族及其先人雄悍、朴厚的民族性格有关。满族烟文化陶冶、培育出一代代泼辣、豪爽的关东女性。时代向前发展了百余年，今天的烟具已有了重大的差异，但满族烟文化的内涵却得以延续，形成现代文明链条中的一环。而当年的烟具——这一独具特色的民间工艺美术品，也成为留给今人的艺术遗存，是不可多得的民族瑰宝。

王纯信多年来收集的各种长烟袋
王宏硕／摄

现代的烟铺招幌

哼着二人转、纳绣二人转的格格

二人转，又称蹦蹦戏、棒子戏、双玩艺儿、双口唱等，属于走唱类曲艺，距今大约有 200 年历史，即产生于清代嘉庆年间前后。二人转将东北满、汉民族的民间曲艺、歌舞熔为一炉，形成了独具特色的乡土艺术。二人转在长白山区的流传在 100 多年前，随着东北开禁，关内流民涌入，满汉杂处，二人转逐渐出现在了山民聚居的村屯。

1983 年，通化县英额布镇的满族姑娘坐在炕头上绣嫁妆

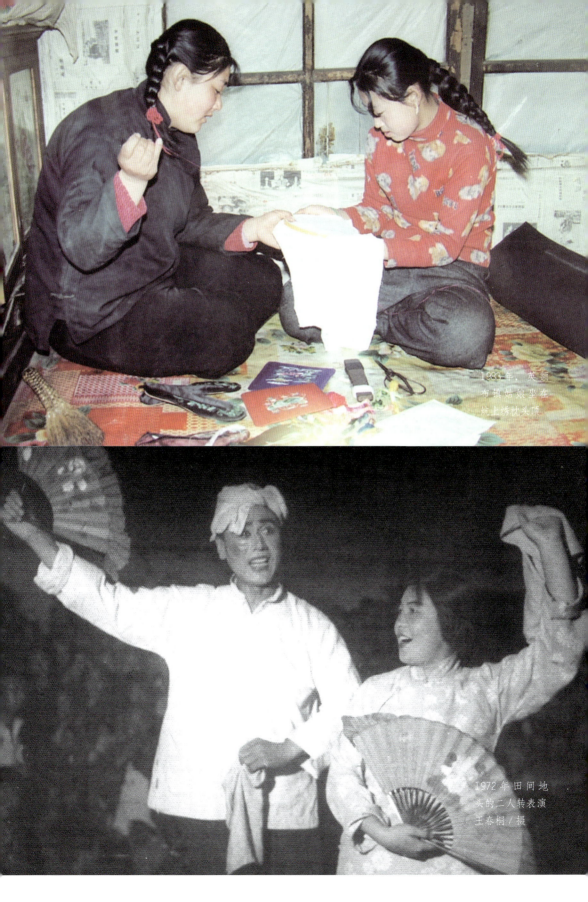

1983年，英额布镇姑娘坐在炕上绣枕头顶

1972年田间地头的二人转表演
王春桐／摄

与此同时，一些二人转小戏班进入山区，走屯串乡，不受场地限制，在民宅、窝棚、场院、地头均有演出。二人转语言通俗、诙谐，唱、说、做、舞四功相合，故事生动感人，是当时山民唯一能见到的戏曲演出，在民间产生很大影响。

近年来，东北二人转誉满大江南北，弘扬二人转艺术的电视剧在荧屏中占有重要位置。殊不知在七八十年前甚至百年前的满族枕头顶刺绣中，就为东北二人转作了直观、形象的描绘。

满族的枕头顶刺绣由于满族独特的婚俗而闻名于世，其品类多样、绣工精道，是不可多得的民间刺绣精品。还有就是满族枕头顶刺绣的题材丰富，山水、亭榭、花鸟、草虫、几何纹样、团花图案、书法篆刻、戏曲人物、神话传说、图腾崇拜……应有尽有。

我从1982年起在长白山区作大面积田野考察，将枕头顶刺绣的调查与收集纳入重要日程，深入到长白山区各县的数百个村屯，访问了数十位当年的刺绣能手，收集枕头顶刺绣原件数百件。

满族枕头顶刺绣"单出头"

满族枕头顶刺绣"二人转故事"

在我收藏的诸多枕头顶刺绣中，有几幅绣的是东北二人转表演场面。

第一幅绣的是"单出头"。一位年轻女子，头扎双髻，红头绳，一手执扇，一手拿手绢，边舞边唱。人物四周绣上四朵花，两朵云。色彩素雅，构图饱满，富于装饰性。

第二幅绣的是"二人转故事"。表现了一旦一丑两个人物，二人碎步走场，舞姿生动。人物上端以花蝶为饰，既装点了画面，又交待了演唱的环境。

第三幅绣的是二人转的传统剧目——王二姐思夫。表现的是王二姐站在绣楼上远眺，盼望外出赶考、杳无音信的丈夫张廷秀早日归来。

该幅作品的作者是郭喜珍，满族，家住通化市南江沿儿，1985 年采访她时已 70 多岁。郭喜珍老人说："这幅枕头顶是 18 岁时绣的嫁妆，那时家住通化县光华村，是个山高林密的大山沟儿。一年秋天来了个二人转小戏班，就偷偷跟着哥哥跑出去看。"她为二人转艺人的精彩表演所倾倒，为曲折故事所陶醉，被王二姐海枯石烂心不变的精神所感动，就一边哼唱二人转中的唱词，一边绣了起来，把跃然眼前的故事绣到了枕头顶上，体现了满族格格的聪明才智与创造性。

二人转在民间的流传与影响，在民谣中也有传诵。

蹦蹦戏

干沟子，不大济，一年一台蹦蹦戏。

没有戏台子，借着土崖子。

没有点油灯，就着月亮地。

打个旋飞脚，弄了个狗吃蜜。

唱出打金枝，缺少郭子仪。

唱出群英会，周瑜也没生气。

　　这些枕头顶刺绣佐证了当年东北二人转在黑土地上的流传与影响。满族妇女将二人转这一曲艺形式，转换为民间刺绣这一美术艺术形式，体现了不同门类艺术间的"远缘移植"规律。如同当年的舞剧《丝路花语》从敦煌壁画中得到借鉴一样，为今天的艺术家开阔视野、广泛借鉴、活跃创作，提供了宝贵的艺术资源。

满族枕头顶刺绣
"王二姐思夫"

背着粪筐上汽车

筐是长白山区满族先民创造的木文化的重要内容，至今在民间广泛使用着各种材料、各种造型、各种用途的筐。2001 年 7 月，几经酝酿，我和王纪打算写一本关于筐的专著。但是我查阅资料，竟找不到有关筐的记录，特别是对长白山区流传下来的各种筐的历史、分类、编结技艺等都没有记述。

我们决心填补这一空白，到通化县、集安市、桓仁县、梅河口市、抚松县等地作了大量的田野调查，考察编筐的多种材料，不同样式的筐及其不同的用途，同时拍摄照片并收集各种筐的实物。

经过实际调查，我们对长白山区的筐进行了分类：平而浅的筐——片儿筐；有梁的筐——梁筐；细而深的筐——篓筐；能背的筐——背筐；有孔透空的筐——花筐；大容积的筐——囤筐。

各类筐都有多个品种，都一一有实物相印证。我见着就买，如树皮背筐、大扛筐、小团篓、鸡咕咕、苞米囤子……独独缺少一种筐——粪筐。

粪筐，其名不雅，其味不佳，但造型独特，三股梁，一面开口，编技复杂、讲究，是典型的民间手工技艺制品，具有保护价值、开发价值。

粪筐是装粪用的专业工具。当年农村使用农家肥，农家四处捡粪，往垅沟里滤粪，都离不开粪筐。可以说，农民对粪筐一年四季不离手。每逢出门、赶集，都要带上粪筐，用一把小锹或小铲子，担在肩上，遇到牛粪、

① │ ② │ ③
────┼────┼────
④ │ ⑤ │ ⑥

① 大片筐在乡村用途很多，
拉土、拉粪、晒东西……
王纯信摄于 2001 年

② 王纪收集的篓筐
许伟摄于 2013 年

③ 王纯信收集的梁筐
许伟摄于 2013 年

④ 乡村用稻草编制囤筐
　　王纯信摄于 1999 年

⑤ 桓仁县蒲乐堡村编
　　结工艺复杂的粪筐
　　王纯信摄于 2001 年

⑥ 长白山满族民间美
　　术博物馆藏的背筐
　　许伟摄于 2013 年

猪粪、羊粪都要捡进粪筐，担回来放在自己的粪堆里。

　　但是，随着化肥的大面积使用，农家肥淡出，粪筐随之迅速消失。而我这本关于筐的专著，必须要有粪筐的记述，包括编结的材料、造型、技艺、尺寸，也必须要有它的图片。可我走遍了长白山区的多个县市、数十个乡镇村屯，回答都是"没人用了""都扔了"。但我不灰心，一定要找到。到农村去！

　　2001年9月，我与陶天普、其妻王玉香等四人结伴去桓仁县。这里是陶天普的老家，有他的许多亲属。他们几位都是画山水画的，来此体验生活、画速写。我也带来了速写本，与大家一起画。但我另有任务，那就是作民间美术考察，重点是要找到粪筐。

　　桓仁县四周群山环抱，山民用树条编结各种各样的筐，许多是在通化周边地域没有的。我们每天外出写生，见到人就问："有粪筐吗？"得到的回答依旧让人失望。

　　一天，我们来到了一小山村马家崴子，如今叫蒲乐堡。这里离县城有100多里，山崖陡峭，河水湍急，有小桂林之称。我进到村里，去寻找粪筐。一位农妇告诉我，村里有个五保户，他什么东西都留着，可能有粪筐。

　　我们找到老人的家，他叫江志阳，70多岁，有个小

1998年王纯信和王纪深入柳河民间筐编小厂调研

院子，住间马架子房，房山头开门。院里放有多种筐具，有一副挑筐还在用，别处亦少见。还有一个杏条编的扁形小花筐，十分精美，是个老物件。我围着小房走了一圈，不经意间在房后见到一个粪筐，顿时眼睛一亮。这筐是用榆树勒子编的，直径约50厘米，保存状况良好，尚有八成新。我忙问："这粪筐是自己编的吗？"他说："是在集市上买的，花了5块钱。"我赶忙说："老爷子，你现在已不上粪了，将这个筐10块钱卖给我吧。"老人爽快地答应了："拿去吧，我留着也没用。"我真是如愿以偿。

9月21日，我们一行要回通化了。我背着新得到的宝贝——粪筐，排队上汽车，司机站在旁边，见状忙喊："喂！喂！怎么拿粪筐上汽车，不行！"我吃了一惊，赶紧和司机说："这是我们收集的民间艺术品，要陈列展出的。"他见我胸前佩戴着通化师范学院校徽，又见我戴副眼镜，说话也斯文，就挥手放行了。那天乘客很多，挤得满满的。我怕把粪筐压着，就把它放在了司机边的机器盖子上。司机瞅了瞅，没再言语，表情颇友善……

这个粪筐写进了我2002年出版的《筐编艺术图鉴》一书中。如今，陈列在通化师范学院满族民间美术陈列馆里。这一当年随处可见、今日难得一见的民间工艺品得到保存。

从萧红故里扛回来的满族炕桌

通化师范学院的满族民间美术陈列馆第一展室是满族民居，包括当年山民的居室和厨房，所有陈设——摇车子、祖宗板、炕琴被格、板柜等一应俱全，都是从民间征集来的实物原件，把参观者带到六七十年前的农家，让人倍感温馨。

引人注目的是摆在炕上的炕桌，长80厘米，宽60厘米，高30厘米。其造型是典型的满族家具，桌面有裙板，桌腿有木撑。木质坚硬，为榆木，呈紫檀色，棱角发亮，还有包浆，从成色看有百年以上的历史。

这张炕桌的来历，可谓之佳话。

2003年9月，我与王纪、胡春达去黑龙江省哈尔滨市参加傅作仁主办的"中国·黑龙江剪纸艺术节"，第二天安排来自全国各地的剪纸作者去参观舒兰县的萧红故居。

参观完萧红故居后，我们又到舒兰的周边农村去看

满族炕桌使用大块整板，四周镶嵌厚木，桌子尺寸由板材决定，腿部处理样式比较丰富，整体风格厚重而简洁

看。这里交通不便，地广人稀，经济欠发达，民风淳朴。我们到了县郊的一户人家，院子很大，锅台上供奉有灶王爷，屋里供奉有老祖宗，贴有挂签。我又到这户人家的仓房看看，里面堆放着秫秆等杂物。我突然发现柴草堆的上面有一个炕桌，品相不凡，就上去将其拿了下来，用手抹去灰尘，显现出它的结构与做工。

这是一件保存状况良好的民间家具，而且可断定是个老物件。我问这家的女主人："这么好个炕桌怎么扔到了仓房里？"她说："嗨，现在都不在炕上吃饭了，年轻人都盘不上腿，这桌子没有用了。"我赶忙说："卖给我们行吗？"她好惊讶："要这有什么用，拿去吧！"显现出东北女性的豪爽。我又问："你要多少钱？"她答到："没有用的东西了，你看着给吧！"我拿出了20元钱，她面含微笑，好像在说城里人真花大头钱。

得到这个炕桌，使这次来哈尔滨不虚此行。我们得到的这个炕桌，从舒兰—哈尔滨—长春—通化，几多辗转，硬是扛了回来。这个被作为废弃物的炕桌，如今陈列在展厅里，将被永久保存。

通化师范学院满族民间美术博物馆前厅实景，炕上陈列着王纯信从舒兰县扛回来的满族炕桌

晚开的山兰

　　在 2011 年暑假，通化师范学院与通化县教育局联合举办的"中小学美术教师培训学院"开课，由师院美术系副教授王纪主讲。培训学院不收取任何费用，学习三年，发给通化师范学院结业证书。

　　本次学习一周，每天 10 课时，统一安排食宿，学院发给学员教材、剪刀。学员大多来自农村乡镇，好几个老师带着孩子来学习，挤在一张床上睡。

　　我发现学员中有个 70 多岁的老太太，从早 8 点跟着

逄焕兰老人平日最喜欢的事情就是安静地剪纸

学到晚 8 点，认真地听课，认真地操剪，精力十分充沛。我一问，老人叫逄焕兰，76 岁，有 7 个孩子，原在通化县马当村务农，为一家老小劳碌一生。她年轻时喜欢剪纸，但是倒不出手儿，只能看别人剪。老人没文化，却悟性特好，看看就能看会，并牢记在心。

如今孩子都长大成人，各有前程，老太太享清福了。她的小女儿汤龙娇是快大镇中心小学的美术老师，会画画，会剪纸，就鼓励妈妈也剪。老太太埋藏在心底的剪纸意趣一下子迸发出来，一发而不可收。她听说有剪纸培训，就带着小外孙来参加学习，越剪兴趣越浓。

王纪告诉老人，多剪剪以前所熟悉的生活，要大胆表现。逄焕兰一点就透，开始剪她亲身经历的解放战争期间的"做军鞋""抬担架"，还有合作化时期的"修水渠""秋收"等，她大胆地用组画的形式，由几幅剪纸表现事物的过程。我和王纪看了她的创作，十分惊奇，她没学过剪纸，怎么一下子就剪得这么好呢？经过分析，原来她凭着自己的聪慧，"看"会了剪纸，在脑子里日积月累，今日拿起剪子，竟佳作连连，成为学员中的"黑马"。

通化县中小学美术教师满族剪纸培训课上，逄焕兰老人与年轻人一起学习

　　培训班结束了，但老人的剪子却放不下了，小女儿汤龙娇给买了各种颜色的纸，鼓励妈妈随便剪。老人住三儿子家的大房间里，每天的活就是剪纸……

　　老人的作品多次拿出去参加展览，受到好评。我看到这件事的特殊性、典型性和在农村普及满族民间剪纸的影响力，就去老人家作了专题采访。回来后写了一篇文章《年近八旬的剪坛新秀》，配发了老人的照片和作品，先后在《通化日报》《吉林日报》发表，产生了积极的反响。随后，《吉林日报》《城市晚报》《新文化报》、省电视台、通化市电视台、通化县电视台等都派记者到老人家采访，从不同角度对老人的事迹和作品作了报道。老人成为了通化县的文化名人，这是她怎么也没想到的。

　　2012年3月，老人突然查出肝癌，病情日益严重。我赶去家中探望，老人忍着病痛，还在剪纸。我送去了《吉林日报》等刊发老人事迹的文章，令她十分欣慰。

　　4月，老人病危，7个儿女都陪伴着老人。逄焕兰对儿子、女儿说："我看到你们都成家立业，日子都过的挺好，又都很有孝心，我知足了。只是这剪纸我没剪够，如果再给我一年的时间，多好呀……"

逄焕兰老人与女儿、外孙一起学习剪纸

培训期间的晚上，学员们与逄焕兰老人进行深入的交流

《儿童团》，用
剪纸的语言回忆
童年儿童团演唱

全家起早推豆腐　　　　　攒钱买驴推豆腐

小钢磨代驴做豆腐　　　办起豆腐加工厂　　　开着汽车送货忙

《磨豆腐》，用剪
纸形式表现了由人
工磨豆腐到驴拉磨
再到小钢磨，到电
磨加工厂和开着汽
车送豆腐的发展历程

　　4月21日，我去参加了老人的葬礼，痛惜这颗剪纸新星的陨落。

　　逄焕兰，这棵晚开的山兰，凋谢了，但其余香犹存。

王纯信登门看望逄焕兰老人，对其作品进行指导，为老人撰写文章宣传报道

杀年猪

——古风古俗难觅寻

据史籍《后汉书》记载，满族先民是最早养猪并用猪祭祀的民族，并食其肉衣其皮。在萨满主持的诸多仪式上，或丰收庆典、或治病还愿，都要杀一口或几口猪……

村里的亲朋邻里都席地而坐，大块吃肉，大碗喝酒，甚至过路人也应邀入座，以全部吃光为快，这就是满族的猪肉大典。这方子肉、猪肉血肠、杀猪菜，成为满族菜系的经典，这一古俗，代代相传，延续至今。

随着历史的发展，山民的信仰习俗也发生了变异，用猪作为祭祀的成分逐渐淡化，而把杀年猪作为节日庆典的主体却延续下来，成为山里人家节日文化生活的精彩内容。

以前可是家家养猪，少则一口，多则几口，有的人家养一口老母猪，下了一窝小猪崽，全养着。一进腊月门，准备过年了，就张罗着杀猪了。长白山童谣中说："小孩小孩你别馋，过了腊八就是年。小孩小孩你别哭，过了腊八就杀猪。"劳碌一年了，该解解馋了。山民平时是吃不到猪肉的，家里来了重要客人，就杀只鸡，剁个鸭子，炒盘鸡蛋，所以民谣中唱到："姑爷进了门，小鸡吓掉魂。"

"杀年猪"是具有浓郁地域特色、民族特色的文化遗存，是弘扬民族文化的非物质文化遗产，要予以记录，予以宣传，予以传承。

近年来，农村生活迅速城市化，农民家里已多不养猪，一年四季吃肉可到集市购买，现吃现买，吃多少就买多少，"杀年猪"之俗逐渐淡出生活。

2011年1月，已进了腊月门，到了杀年猪的时候了。我通过四处打听，得知通化县金斗满族乡有两户人家杀年猪，时间相隔一天。真是"踏破铁鞋无觅处，得来全不费功夫"。我们组织小分队，由王全、张翌、王宏硕和我，带两台摄像机、两台照相机奔赴金斗乡。

第一天杀猪的叫谷德全，60多岁，是当地的老户，满族。按当地习俗，早晨6点钟就开始进圈抓猪。我电话告之：一定要等我们到了再开始。谷家在金斗的湾沟子村，不在公路边上。我们早晨5点钟打了一辆小汽车，这时天还没亮，早6点准时到达。老谷家门前来了十多个"捞忙"的年轻人，腊月天十分寒冷，他们腰束麻绳，头戴狗皮帽子，严阵以待。谷老爷子下命令了："抓猪！"三四个棒小伙子翻身跳进猪圈，一伸手抓住了猪的后腿，使劲一拉，就把猪撂倒了。几个人上去迅速把猪的四条腿捆好，这一百多斤的猪，极力挣扎，大声嚎叫，把寂静的冬晨吵醒，使周围人家都知道"老谷家杀猪了"！接着大家七手八脚把猪抬到放在河边的饭桌子上。操刀手从屋里出来了，这是个"大腕"，杀猪的尖刀藏在袖子里，上来只一刀就解决了问题。这时早准备了一个大盆来接血，一位妇女用粗苞米秆子搅拌。接着从屋里拎出一桶开水，一瓢瓢往猪身上浇，开始褪毛。帮忙的山民训练有素，分工明确，仅仅十多分钟就收拾干净了。接下来是开膛，取出"灯笼挂"和肠子，分别有人去处理。然后是割下猪头和肘子。猪头留着春节祭祖上供用，肘子等装入塑料袋，埋在雪堆中。这是天然的大冰箱，吃时刨出来，绝对保鲜。

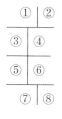

① ②
③ ④
⑤ ⑥
⑦ ⑧

① 清晨抓猪，
将猪腿用
绳子绑紧

② 杀猪留猪血
准备灌血肠
王宏硕／摄

③④ 杀猪取下猪头和猪手
留作春节祭祖上供使用
王宏硕／摄

⑤ 妇女们边聊家
常边切酸菜

⑥ 男人们在
清理血肠

⑦ 杀年猪大菜
猪肉炖酸菜
王国霖／摄

⑧ 用猪肠子和猪
血灌出的血肠
王宏硕／摄

这时厨房大锅的水已滚开，将猪肉切成方块，放到锅里煮，这就是"方子肉"的来历。

与此同时进行的还有两项，一是灌血肠，二是切酸菜。灌血肠要有一帮人忙活,把大肠洗干净。有个"大腕"——村里公认的高手，往猪血里兑水，加盐、葱姜等调料，一起搅匀，这是个技术活，全凭经验。然后用一个漏斗往肠里灌血，一根根用绳子封口。接着单用一口锅来煮。这也是技术活，由专人控制火候和时间，还手拿一根长针，在鼓起的肠子上扎眼，是为了"放气儿"，防止血肠暴裂。煮好的血肠放菜板上用薄而快的刀切成薄片，装在大盘子里。

切酸菜，是妇女的活。多由三四个妇女捞酸菜、切酸菜、洗酸菜，猪肉血肠炖酸菜是杀猪菜中的主打，肥而不腻，管吃管添，常常要切半缸酸菜。

……

"上桌了，开吃了！"主人在自己家、邻居家炕上、地下摆五六桌，桌子上摆满大盘子，一为方子肉——切成大块的五花肉，每块长宽 5 厘米，厚约 1 厘米，真是大片肉，管吃管添，佐以蒜酱；二为血肠，切的片很薄，也是随吃随添；三为大碗酸菜，是用煮肉的汤炖的，里面并不放肉。除了这三件还配几个炒菜，如肉炒芹菜、肉炒青椒、肉炒干豆腐、西红柿拌白糖等，是冬季里的佳肴。桌上再有的就是白酒,山里讲究喝烈性酒,对啤酒、葡萄酒等不感兴趣，妇女亦然。山民们聚在一起，划拳猜令，大喊大叫，年轻人吃着喝着又唱了起来，有的竟站在炕上跳起舞来。

来上桌吃饭的都是亲朋邻里,有远来的亲戚,有来"捞忙"的妇女,还有的是不请自来,这顿饭从中午吃到晚上，直至"家家扶得醉人归"。

杀年猪是长白山区古风的遗存，来吃猪肉的人都参与抓猪、杀猪、煮肉、灌血肠、切酸菜的集体活动，干活中说逗笑闹，充满喜悦。大家吃完了就走——白吃白喝，和参加红白喜事要赶礼是完全两码事。过几天又有人家杀年猪，大家还都赶去大吃一顿。春节前几乎天天吃肉，天天喝酒，劳动一年，劳累一季，尽享丰收的安乐。

　　按社会学、人类学的理念来衡量杀年猪这一古俗的传延，具有积极的社会意义。它促进了人群间的沟通、交流，加深了亲情、友情的联谊，有利于人类社会和谐发展。所以对于杀年猪这一民俗事项进行研究、进行记录、进行宣传介绍是十分有益的事。

勤奋的机遇

——张杰"出山"纪实

　　提起满族撕纸代表人物，张杰是颇有影响的青年，在通化县可说是无人不晓。他是怎样"出山"的呢？

　　2003 年 3 月的一天，是个周六，一个小伙子背着一个画夹找到我家，要见王老师。他自我介绍说叫张杰，是快大茂镇河口村的小学美术老师兼体育老师，毕业于通化市幼儿师范学校。他爱好剪纸，可是找不到老师指导，听说满族剪纸名人侯玉梅从美国回来探亲，就大胆去见她。侯玉梅看了他的作品很高兴，对他说："我就要回美国了，你去找师范学院的王纯信教授，他是我的老师。"

　　我看了张杰的剪纸作品，也有几幅撕纸，幅面均较少，其内容较杂，有熊猫、小鹿、金鱼等。如今像他这样自己刻苦学习剪纸的年轻人不多。我很高兴，鼓励他剪纸的题材要表现乡土的生活。

　　之后隔十天半月，张杰就来一次，带来的剪纸都是刚剪的，农村习俗生活占很大比重，生活气息很浓。

　　我建议他：如今会剪纸的人很多，会撕纸的人很少，你可在这方面下功夫，形成自己的特色。

　　2003 年年末，省文化厅一位同志给我来电话，说省里要派一个文化代表团出访韩国和印度尼西亚，主体是吉剧和二人转，但要带两位民间美术家，一为剪纸，一为撕纸。剪纸选定了双阳的李宝凤，而撕纸找不到人，让我给推荐。我当即想起了张杰。对方说，请他到省里

张杰在通化县河
口村小学为孩子
们上满族撕纸课

张杰撕纸作品
《采山菜》，
以撕纸的方式
表达长白山秋
季大丰收，山
民成群结队进
山的喜悦之情

来一趟，我们要当面考核。

这真是个难得的机遇。我当天去了一趟张杰所在的河口小学，这所村小学生很少，一个班只有七八名学生。我见到了何志强校长，说明来意。他很为难地说："老师外出不给假，要请示中心校。再者，我们没有这笔经费。"我说："这是大好事，对个人、对学校都有光彩。我找县教育局请假！这次出国一切费用都是省里出。"这下何校长高兴了。

很快，张杰就去省里面见代表团团长。团长让他当场撕了几样小动物，当时就表示通过了。接着，团长又询问了家庭、婚姻状况。那时出国的机会很少，慎之又慎，怕你借机跑了不回来。

2004年1月，张杰随团访问了这两个国家。团里规定，剪纸作品可以出售，收入归自己。张杰颇有应变能力，完成多幅命题创作，受到国外朋友的好评。

历时半月，张杰回来了。真是开阔了眼界！一个村小老师竟公费出国做剪纸表演，成为通化县的头条新闻。我为之写了一篇文章《撕纸撕出大名堂》并配发照片，先后在《通化日报》和《吉林日报》发表，产生了积极的影响。通化县电视台的记者张娟看到这篇文章，说："这么大个事，我们怎么不知道呢？"马上组织人员拍专题片。快大茂镇中心校的刘洁校长看到这篇报道，说："张杰是咱们村小的老师，这样的人才得好好支持。"于是和电视台一起合作拍出了专题片《撕生情》，播放后反响强烈，张杰一夜之间成了名人……

我与刘洁校长成为了好朋友。我建议她把满族剪纸作为校本课纳入到教学中来，突出民族文化特色，将成为学校的亮点。应该将张杰从村小调到镇小来，抓全校的剪纸课。

不久，刘洁将张杰借调上来教剪纸课。2004年10月，

2007 年 6 月王纯信
教授在快大茂镇中
心小学张杰老师的
撕纸课堂上作指导

2008 年 9 月，在快
大茂镇中心小学举
办"蒲公英行动"
项目结题活动

快大茂镇中心小学
孩子们作撕纸课汇
报展示（图中心左
为王纯信，右为刘
洁校长）

张杰被正式调入镇小。快大茂镇周边的村小老师，绝大部分家住快大茂镇，每日骑自行车或坐公交车上班，十分辛苦，想进镇小几乎是不可能的，张杰愣是没求人、没花钱就进了。

张杰不负众望，主抓全校的少儿剪纸课，又将美术组的几位美术老师张焰、王春梅、汤龙娇带了起来，形成一个团队。在县教育局丁金干局长支持下，大力打造这一品牌，如今的镇小由中国剪纸专业委员会命名为"少儿满族剪纸传统校"；由通化师范学院命名为"少儿满族剪纸传承基地"，列入美国"福特基金"活动计划；学校出版了《艺术的荷塘》《少儿满族剪纸读本》两本教材；张杰等美术老师与学生的作品多次参加全国剪纸展，并名列前茅；张杰的作品作为代表通化县的文化礼品走向全国、走出国门……

张杰的成功，取决于两个因素，一是靠自己的勤奋努力、聪明智慧，二是能抓住外界抛来的机遇。这机遇是许多人都曾遇到的，又常常擦肩而过、转瞬即逝的，张杰紧紧抓住这根根彩带，随之飘升起来。我对张杰认真地说，你千万别忘了这几个人，一是河口村小的何校长，他是最早站出来支持你的；二是教育局丁金干局长，他认准了你是个难得的人才，使你的前程全是绿灯；三是刘洁校长，是她给你提供了施展才华的芳草地，我为之作了概括——"没有刘洁，就没有张杰"。

抢拍攀上红松打松塔

2005年,我与王纪开始著述《最后的木屋村落》一书,宗旨是要介绍木屋,同时介绍木屋人的生活,要文图结合、图文并茂。这本书是我们积累了20余年的素材,图片都是历年来在生活中拍摄的第一手资料,均为第一次面世。

当写到"木屋人靠山吃山四季忙"时,发现缺少山里人攀登红松打松塔的照片。红松是生长于长白山的名贵树种,树龄可达500余年,树高40～50米。籽实称之松塔,颗粒大,富含油脂,可加工成高档食品,十分名贵。秋天,松籽成熟时,山民要爬上树尖,树大招风,树枝摇晃,左右幅度足有1米,万一失手从树上掉下来,后果不堪设想。听说,有一山民独自进山,从树上掉下来,又挂在了树枝上,上不来,下不去,待后来被人发现,已经风干了……

漫江林场王森秋做向导陪同,找到了采松塔的能手张松(左起:王森秋、张松、王纯信)

119

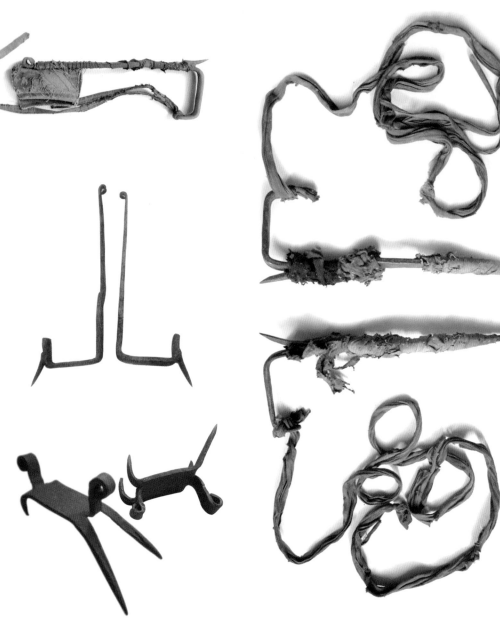

① 铁质脚扎子

② 20 世纪 60 年代手工打制
　的加上绑腿带的脚扎子

③ 2000 年以后出现的脚扎子样式，直杆绑
　在腿的外侧，尖角不在直杆下端，不夹
　树皮。比较适宜焊接尖角，属于改良型
　脚扎子
　2013 年松江河林业局提供，赵春兰拍摄

④ 猫爪子。爬小树使用，适宜体重较轻的
　人使用，上树速度快
　2013 年松江河林业局提供，赵春兰拍摄

①	②
③	
④	

张松穿着脚扎
子快步爬上树

　　一定要有攀登树尖打松塔的照片！我翻遍了有关介绍长白山的文章、书籍，均没有这类的照片。"自己去拍！"我和王纪马上带着照相机、摄像机去了漫江，请林场的王森秋作向导去了孤顶子后山。

　　这里有十余户木屋人家，四周是红松林。找到一个叫张松的年轻人，请他作爬树的示范。他痛快答应，说正好有棵树的松塔还没打。说着将脚扎子找了出来，把铁刺用锉锉尖，然后背着树皮背筐就向红松林走去，来到一棵粗而高的红松前，说："就是它！"仰天一望，树梢直插蓝天，小伙子两脚绑上脚扎子，双手抱着树干蹭蹭向上爬，非常快。我们左右开工，又摄又照。他只用了几分钟就爬到了树梢，倒出一只手来，摇晃树枝，松塔纷纷落地。开始往下来了，又是蹭蹭蹭，几分钟就下到地上，面不改色心不跳。我却心跳得不行，给了小伙子 50 元劳务费，他很高兴。

张松往腿上绑脚
扎子做爬树准备

走进深山　寻找高跷大秧歌

　　一说起长白山区的高跷大秧歌，孩童时期的记忆立马在脑海中展现，几十年前的往事清晰如昨。

　　高跷大秧歌曾是春节活动的重要内容，它给山里人带来了无尽的快乐。谁也说不清，从什么时候起，高跷大秧歌竟在春节文化活动中销声匿迹了。这山民自娱自乐的活动，使大年过得有声有色，这是民族、民间文化的精华，是活态的非物质文化遗存，应予以发掘，予以保护，予以弘扬。

　　我们决定将高跷大秧歌作为非物质文化遗产项目立项，但首要任务是到生活中找到在民间生存的高跷大秧歌，予以全面考察与记录，收集第一手影像资料。2011年春节前，我们往各县区文化部门打电话：今年春节，有高跷秧歌进城比赛吗？哪个村有高跷秧歌队？答复是一样的：没有！多少年来就没有了。

　　真是功夫不负有心人，抚松县的青年作家阚世钧打

通化县"傻柱子"跳丑
王春桐摄于 1985 年

2011 年王纯信
带领通化师范
学院年轻教师
考察高跷秧歌

清晨，抚松县四
季乡高跷秧歌队
在欢笑声中为
"老扤"化妆

来电话:"王老师,抚松县正月十五要搞秧歌比赛,四季乡的高跷大秧歌要进城,现在正在村里排练。"我们紧急组成了七个人的小分队,带了三台摄像机、三台照相机,第二天一早乘火车出发,至中午在仙人桥下车,换一辆面包车进抚松县城。这是长白山腹地的小城,有"人参之乡"的美誉。中午和县文化馆的宫馆长一起吃饭,由他与乡文化站乔元兀站长沟通,请他带队到村里去安排接待采访与住宿。

时值腊月,大雪封山,我们分乘出租车在雪路上慢行,先到乡,再到村,已是下午3点多了。一进村,就听到锣鼓喧天、锁呐齐鸣,秧歌队40余人脚绑80厘米的松木高跷,披红戴绿,头戴花冠,在雪地走场。我们入乡随俗,点燃带去的一挂鞭炮,以示祝贺。

村支书安丰华热情出面接待。他说:"我们村是个大山沟,到处是山,全是大林子。我们靠山吃山,如今是个富裕村,家存几十万、上百万的人参专业户有十几户,日子富了,都想乐乐呵呵过大年。"

村里统一做了高跷,买了服装。"傻柱子"和"老扣"是自己扮的,自娱自乐,村里不付报酬。锣鼓锁呐都是村民自发组织起来的,十分踊跃。由安书记的夫人为领队,一直扭到天黑了才作罢。我们与秧歌队合影为念。安书记喊到:"明天5点统一化妆后进城。"

晚饭就在安书记家吃的,清一色的山里特色饭菜——黏豆包、野猪肉馅包子、炒笨蛋、炒山芹菜、炒木耳、野猪肉骨头炖酸菜、大碴子、芸豆粒稀饭……喝的是小烧白酒泡人参、鹿茸、不老草,酒色深红,浓而不烈。安书记的父亲安玉从已近80岁,精通山村文艺,能扭能唱,自然是大秧歌的传承人。我们作了采访,录了像。晚上,我们这一大帮人,有的住在他家,有的住在队部。

　　第二天一大早，天还没亮，我们赶到队部。秧歌队员早就来了，没有化妆师，是两个人互相画。没有专业的化妆色，是因陋就简，连墨汁、广告色都用上了。大约6点半，秧歌队分乘四五辆大小汽车进城，浩浩荡荡，大家在车上拉起了歌，此起彼伏。这些动人的场面，我们都拍摄了下来……

　　在县城的中心广场，各路秧歌逐个入场，进行表演，都有自己不同的阵式，可惜大多是城镇大妈们的健身地蹦子，没有昔日秧歌的光彩。轮到四季村的高跷大秧歌进场了！"傻柱子"和"孙悟空"在前面打场子，能下腰、能劈叉。四周的观众沸腾了，连连叫好。一位老太太挤到了前面，这个乐呀！对我说："高跷秧歌这里也多少年看不见了，这才像过年的样。"

　　年俗文化，是民族文化的重要内容，高跷大秧歌是年俗文化的精彩亮点，它活在山民的心里。

2011年白山市四季村
秧歌队为村民拜年

山核桃工艺放异彩

在长白山老岭山脉的莽莽林海中，有一个小镇，名云果松。与这一带的地名杉松岗、赤柏松、榆树镇、大柳河等一样，都是长白山里森林文化的概括。镇上有一位能人，能用拉成片的山核桃拼贴出高两米多的花瓶，还粘出高一米多的"昭陵六骏"，形神兼备，姿态各异。

大连外贸与一些大企业家闻讯而至，竞相订购，把山核桃拼贴作为有长白山地域文化特色的礼品赠与国内外客户。

这位山核桃拼贴艺术家叫刘玉斌，今年40出头，本地人，高中文化。没学过艺、没拜过师，是自悟自通。他与山核桃结缘，有着一段有趣的经历。刘玉斌在云果松镇粮库工作，1989年时患胃病，一位乡间中医给出了一个偏方——用山核桃仁拌蜂蜜口服。他就上山自己打核桃，这儿的核桃楸子树漫山遍野，山核桃有的是，取之不尽。他将拣回来的山核桃一个个砸碎，取仁弃皮……这剂偏方很有效，但刘玉斌却不满足于此，在砸核桃时他发现山核桃皮质地坚硬，表皮呈黑褐色，里皮呈乳白色，而且里外皮均有凹凸状不规则纹理，质、色、形俱佳，富有装饰性与抽象美，是制作工艺品的好材料。

刘玉彬就大胆干了起来，用铁锯将核桃拉成薄片，拼贴成烟灰缸、笔筒、花瓶之类，效果很好。一次他到通化办事，见到几家宾馆、饭店的大厅里都摆着一对大花瓶，多出自景德镇，白瓷彩绘，很有气势。于是决定，

吉林省非物质文化遗产名录项目

长白山野生山核桃切割拼贴艺术

长白山有丰富的野生植物资源，其中胡桃楸所结的果实——山核桃，质地坚硬、色彩古雅、纹理多变。几百年来，长白山满族山民，利用这一资源，切割拼贴成丰富多彩的工艺品并代代传承，延续至今。

山核桃工艺品具有很强的表现能力。塑造人物、动物、器物，样样精巧；其尺码自如，大可盈丈、小不足尺，件件叫绝。以歌颂秦始皇的"天子驾六"达到新高，用五万多片山核桃拼贴而成，长 3.8 米，形神兼备，令观者震撼。山核桃工艺品从当年把玩的小物件延展为走进宾馆、大堂、展厅的艺术品，为现代人群所青睐。

以通化师范学院为保护单位的"长白山野生山核桃切割拼贴艺术"入选 2009 年吉林省非物质文化遗产名录。

要用山核桃粘成一个大花瓶。

首先是挑选大小相当的山核桃，一个核桃拉三锯，去掉两端只留中间的两片。花瓶的成型是由专门的工具转轮完成的。核桃拼贴怎样保证造型的匀称呢？真就想出了办法！他从天棚至地上扯一根垂直线，为这个花瓶的中轴线；以此为花瓶各个层面的圆心，用大小尺具边量边粘，自下而上。用了一个多月的时间，拉了一万多个核桃，这件高 2.4 米的山核桃大花瓶问世了，一举成功，

王纯信考察刘玉斌山核桃拼贴工艺作品

"长白山野生山核桃切割拼贴艺术"入选 2009 年吉林省非物质文化遗产名录

色彩古朴、气势宏伟。

刘玉斌的山核桃拼贴一发而不可收，花瓶、唐马、帆船……其特点是以大取胜，显现出山里人的气魄。

山核桃树学名胡桃楸，胡桃科，为落叶乔木，在长白山区分布广泛。花期在 5 月，果期 8 ~ 9 月，其果实——山核桃长 4 ~ 6 厘米，成熟后随风飘落。山核桃是长白山的特产，俯首可得，皮色好看、纹理精美、质地坚硬。用它制作的工艺品具有浓郁的地域特色，有广阔的市场前景。

刘玉斌雄心勃勃，正着手设计、制作一批面向吉林省旅游市场的特色工艺品。这长白山特产的山核桃将派上大用场，刘玉斌的山核桃情缘将开花结果。

刘玉斌陪同王纯
信进山采山核桃
王宏硕 / 摄

民俗文化遗存收藏界的黑马——庄鹏

在关东文化交易市场C区的某个展室，是关东民俗文化馆，在面积有限的空间里展示着木雕系列、木版系列、酒具系列、刺绣系列等民族文化遗存，有四五千件之多，从地上摆到了棚顶，令人目不暇接。其数量、其品质、其价值均为上乘。这位收藏者叫庄鹏，1974年生，辽宁台安人。

庄鹏对民族学、民俗学有深厚的兴趣，并注重民俗文化遗存实物的收藏，他利用节假日，托朋靠友，走乡串屯，将散落在民间的文化遗存，大到炕琴、罈缸、桶篓，小到烟袋、荷包、果模，都一一收入"囊中"，如获至宝，这些费用都由工资中支付，十余年来共投资近20万元。

他的藏品中最有质量与数量的是"木雕"制品，主要是糕模。"糕"，谐音"高"，取其"百事皆高"的吉祥之意。中国早在先秦时期就有了类似的食品，以糕模

王纯信来关东文化交易市场参观庄鹏的关东民俗文化馆

压制糕点，南宋时《梦粱录》已有了明确记述。这是用木板刻出的模具，是典型的民间木雕艺术品。庄鹏藏品中的糕模所雕图案内容吉祥，有节日糕模、婚庆糕模、祝寿糕模等；其雕版的形制有单眼、双眼、多眼、套版等不同；其雕刻的图案有人物、动物、花果、器物、文字等，许多糕模的背面刻有"同德盛""寿德堂""玉兴斋"等老字号的店铺名称，是地方文化史的实物见证。庄鹏所藏千余个糕模，具有很高的文化价值、社会价值、艺术价值。

值得一提的是木雕中有许多"神马儿"的雕版，这是一种有久远历史的用于祭祀的"木版年画"。有多位民俗专家说："至今没有发现东北当年有木版年画作坊，这是一个空白。"庄鹏的收藏是个发现，具有填补空白的重要意义。

他的藏品中，有近千杆"大烟袋"，这是满族烟文化"十八岁姑娘叼烟袋"的载体，烟袋杆长的三尺多，短的只有巴掌般。烟袋的长短是当年关东山人身份的象征，烟袋杆越长，表明持有者辈分越高，资格越老，要由晚辈来点烟。这烟袋还是教训儿孙的戒具，用大烟袋"刨"一下，就是一个大包；这长烟袋还是走山路、走夜路的

庄鹏多年来不断深入民间，收集了大量长白山民俗器物

护身兵器，一烟袋能打断野狼的腿……庄鹏藏品的烟袋中，烟袋锅、烟袋嘴造型多样，材质丰富，其藏品的数量与品质列国家级藏家排名的前茅。

庄鹏有很好的文化素养，将收藏与研究相结合，先后撰写多篇文章刊发于多家报刊。

庄鹏的收藏是多数量、高质量、系列化，这将为长白山区非物质文化遗存的保护、研究发挥积极的作用。

庄鹏的民俗文化馆是通化市收藏界的一个"亮点"，又是至今鲜为学术界、艺术界、收藏界所认知的，是一匹突然从天而降的"黑马"。

庄鹏与民俗文化馆

两姐妹背着煎饼上中学

　　在从事"长白山非物质文化遗产保护研究"的田野考察中，笔者于抚松县漫江镇孤顶子村，发现了保存完整的"木屋"建筑群，这是满族的森林文化遗存，十分宝贵。还有另一个发现——在走访孤顶子木屋人家的过程中，一户农家，生活贫困，却供两个女儿在外地读初中和高中，姐妹俩背着煎饼去读书。这一家人大人勤奋、孩子奋进的精神感人肺腑、催人泪下。

　　在孤顶子村的最东头有一座木屋，住着一家五口，47岁的李云勤夫妇和一个儿子、两个女儿。10年前他们搬到这里，花2000元买了这栋木屋。家中十分清贫，但是父母坚决供孩子读书，他们懂得只有有了文化知识才能脱贫致富、改变家乡面貌的道理。这里远离学校，孩子上学春天里要穿着胶靴穿过村里泥泞的小路，冬天里要趟着厚厚的积雪。

王纯信来家中看望李梅

儿子品学兼优，却不肯再读高中，坚决回家务农，助父母一臂之力，供两个妹妹读中学，再考大学。这里是高寒山区，耕地很少，他家主要是从事森林副业，一年四季"跑山"——采大叶芹、薇菜、刺嫩芽，打松子、捡蘑菇、挖天麻、采地薛……攀崖、爬树、筐背肩扛，冬夏不辍，雨雪无阻。滴滴汗水换来点点收获，都用来供女儿上学。

如今，大女儿李霞在松江河的抚松县四中读高中，离家约20公里，每个月回来一次，回学校时，妈妈给做好130张煎饼，这是一个月的口粮。再给100元钱，除支付学习、生活、坐车等费用，平均每天2元钱，只能买碗菜汤。

二女儿李梅在漫江镇读初中，离家约5公里，每周回来一次，妈妈给数上30张煎饼，10元钱。

王纯信每次来漫江都要看望李云勤及家人，关心李梅的生活和学习李霞和李梅生活简朴、节衣缩食，学习却是学校里的尖子。李梅说，暑期期末考试，她排名年级第三。这两个姑娘寒暑假回到家来，除了学习就是帮助家里干活。

　　李家的木屋不大，却屋里屋外收拾得干净。墙上挂满苞米、辣椒、蘑菇等，地上堆满大豆、瓜菜、葵花，充满了生机。这一家大人的勤劳治家、孩子的刻苦学习得到了人们的称赞。学校也给予了许多支持，减免了多项费用。寒来暑往，全家人都在忙碌着，脸上淌着汗水，却满含微笑，他们对未来充满憧憬与希望。

学者印象

第一个站出来为满族剪纸"叫好"的著名学者杨先让

　　1982年,我在通化县发现以倪友芝为代表的满族剪纸。

　　我满怀激情,加大田野范围,查阅相关典籍,心里有了数,于是从速撰写出论文《长白山满族剪纸初探》,几经修改,认真用稿纸抄写,寄给了吉林省群众艺术馆主办的一个学术刊物《群众文化研究》。主编李志忠很重视这篇文章,但对满族剪纸这一概念拿不准,出于慎重,他将文章交省艺术学院主讲艺术概论的老师过目。但这在当时是个新的领域,于是文章未能发表。

　　我并未气馁,而是再作田野考察,先后在梅河口、通化市、通化县发现多位满族剪纸作者。这些人都是农村妇女,没走出过大山,她们之间素不相识,但她们剪出的作品从题材、造型、剪技上却如出一辙,令人不可思议。我坚定认为这就是满族民间剪纸,只是因为未被发现而不为世人所知。在当时的美术史、美术辞典、美术教材中皆无只言片语。

　　我将这篇论文又作充实与修改,终于得以发表。长白山区满族民间剪纸的发现,是在国内外的首次发现,有填补空白的意义。

　　对长白山满族剪纸的研究,列入通化市群众艺术馆的重要工作。吉林省文化厅、通化市民委、通化市文化局等领导给予大力支持,多次到艺术馆来看作品、听汇报,还给予财力支持。市民委主任常裕春看了满族剪纸十分兴奋,马上给拨来2000元作为活动经费,这在当时是个不小的数目。

市艺术馆的馆长刘昌璞，还有副馆长刘金萍、张向东都十分重视，在当时经费并不富裕的情况下，留出一定的经费用作民间艺术品收藏的专款使用。

我那时40多岁，精力充沛，对满族民间剪纸的研究步步深入，信心百倍。我大胆提出了"走向全省、走向全国、走出国门"的设想。但是省市领导心里没数，不敢贸然表态。

1986年3月，吉林省举办群众美术作品展览，通化市展出了绘画、书法，又特地给通化市的满族剪纸与满族枕头顶刺绣各一个大展室。把我们近年来收集的剪纸精品全部展出来，作品为四开大小，剪纸贴在一个硬纸板上，密密麻麻地挂满了四面墙，可称之"铺天盖地"。枕头顶刺绣也挂满了一个大展室，均为精品。

通化的剪纸、刺绣，作品精、数量多，是吉林省文化艺术界的一匹"黑马"，突然从天而降，在开幕式上引起了轰动。多家媒体前来采访、录音、录像，我成为了被关注的中心。

这次展览，名谓群众美术展，其实已把重心向民间美术倾斜，"民间美术"这一概念越来越得到文化艺术部门的重视。为此，这次展览特请来了中央美术学院民间美术系主任杨先让教授参加开幕活动并作学术报告。

杨先让，1930年生，山东牟平人，徐悲鸿的学生，著名版画家，是最早站出来呼吁对民间美术进行保护研究的学者之一。1984年，经江丰院长批准，他历尽艰辛，成立了中央美术学院民间美术系，这是中国美术院校中的首例，具有开创性。

杨先让先生由省文化厅领导陪同参加吉林省群众美术展，按地区为序，逐次参观。当走到通化市展区的满族剪纸展室时，他的眼睛顿时睁大了，脚步放慢了，边看边问，连声说："太精彩了，太好了！"又问："王纯信是谁？他来了吗？"这是我第一次见到杨先让先生，他一只手扶着眼镜，盯着我好一顿看，接着连连发问："满族剪纸是怎么发现的？作者还有多少？传承状况如何？……"又说："满族剪纸真是太精彩了！王纯信，你是有贡献的！"

在当天下午的大会上，杨先让先生作学术报告。他着重谈了民间美术在中华民族文化中的重要地位、重要价值，谈了国内外的动态。他说："我这次来吉林省看到了满族剪纸，真是太精彩了，这是我此行最大的收获。"最后他说："满族剪纸要进北京举办展览！"杨先生精辟的见解，渊博的知识，极富感染力的口才，博得长时间的掌声。我估计，我的掌声是最响的。

杨先让教授是第一个站出来为满族剪纸叫好的著名学者。他的表态给吉林省文化主管部门的领导吃了一颗定心丸，我看到了当初走向全国的设想实现的曙光。

此后，通化市文化局、通化市民委、吉林省文化厅、吉林省民委等部门精心策划进京展览事宜，由通化市群众艺术馆筹备展品，紧锣密鼓，日夜兼行。

1987年2月，"长白山满族民间剪纸、刺绣作品展"在北京民族文化宫开幕，盛况空前，在艺术界、满学界引起了强烈反响。这是后话，另有记述。

杨先让先生对满族剪纸的支持远不止于此。1986年，文化部在西安召开民间美术工作会议，杨先生直接参与策划，筹备了这次会议。每省三个名额，一为省文化厅文图处处长、一为省艺术馆馆长、一为民间美术工作者。我作为民间美术工作者出席会议，是杨先生点名来的。会议安排我作15分钟的发言，谈满族民间剪纸的发现与研究。在这次会上，我获得由文化部命名的"民间美术工作开拓者"称号，颁发了证书。

我还在杨先让先生的策划下，出版了《长白山满族剪纸》一书，这是我的第一本专著，杨先生为之作序。

我与杨先生学术交往日益增多，成为莫逆之交。杨先生退休后旅居美国多年，从事学术交流与研究，后因年事已高，回到北京。

2010年，中国民间工艺美术专业委员会第26届年会在通化市召开，通化师范学院为承办单位之一。杨先让先生携夫人张平良、女儿杨阳到会。在通化见到久别的杨先生，激动的心情难于言表。杨先生在学术发言中说："我这次主动要求到通化来，一个重要原因，就是来看看王纯信，看看王纯信在干什么，还要看看他们的民间美术陈列馆。"杨先生这次来通化给我带来的专著、画册有七八本，都在北京签好了名字，这是多么厚重的关爱啊！杨先生全家在会议期间两次登上没有电梯的六楼，仔细参观我们的民间美术藏品，还为之亲笔题词。

是杨先让近30年来的坚定一贯的支持，使长白山满

在杨先让先生的倡导下，1987年在北京民族文化宫举办了"长白山满族剪纸、刺绣作品展"

2010年，中国民间
工艺美术专业委员
会第26届年会期
间，杨先让全家与
王纯信父女合影

王纯信陪同杨先让
先生参观满族民间
美术陈列馆，杨先
让先生认真观看，
并询问每一件藏品

杨先让先生参观王
纯信创立的满族民
间美术陈列馆后，
赞叹王纯信对家乡
的贡献并题词留念

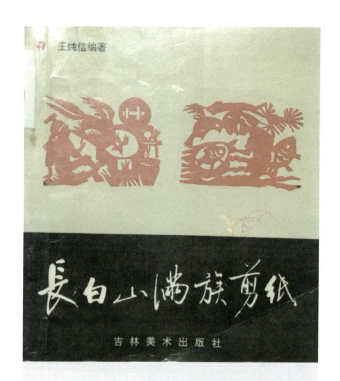

王纯信编著

長白山滿族剪纸

吉林美术出版社

序

杨 先 让

世界上自人类的出现始、就必然伴随着对宇宙自然和自身的生存繁衍一系列文化活动，它可能是由低向高、由浅向深伸延发展着，但是，在漫长的历史进程中，由于天灾人祸等等缘故，一种文化被埋没、被淘汰而消失的现象，是确确实实存在着，那么在中国大地上那众多的民族、那悠久的历史、那交织融合丰富多采的文化艺术，沉浮兴衰现象，太多太多。何况历代不被统治者和文人所重视的庶民文化艺术，更是自生自灭，形成无限的遗憾。

现代人类学、民族学、民俗学等的兴起，使得学者们的目光向民间深层注视了，这必然影响着中国，虽然中国学者因为种种原因，在这方面起步较迟，但是出现了深入民间、学习研究民间文化艺术的可喜现象，它的历史意义，一时是很难估价的。

当今中国，精神与物质生活都处于新旧交替的激烈变革中，眼见着传统文化艺术其中一部分在泯灭，而民间文化艺术又正处于首当其冲的位置。悔恨我们的悟性太晚，不甘啖历史里人的现实是严峻的，紧迫感与责任感在增强。

曾经统治过中国数百年之久的满族，其祖地在长白山北麓通化、新宾一带。在历史的长河演变中，今天有谁去关心本民族的民间文化艺术尚存在多少呢？上升到上层文化圈里去的部分，已够人们去满足了。

生活、工作在这里的王纯信同志，1983年以来，他不辞辛苦，深入民间访问调查，终于发现了大量的满族民间剪纸、刺绣与木雕等，并进行了严肃的研究工作，其精神是令人感动的。

满族剪纸，有它自身的艺术特色和传承方式，尤其那些与本民族古老的巫术、宗教和民俗密切相联的剪纸遗存，确有"活化石"的文化作用，这些发现又是十分可贵的。

经过王纯信的努力，而今即将出版《长白山满族剪纸》集子，它的价值更是难以估量的。

在此，我不知需要再说些什么，只能由衷地祝贺。

一九九一年冬月
於北京金台寓所

杨先让先生为王纯信著的《长白山满族剪纸》一书作序

族剪纸研究上了一个又一个台阶。2009年，长白山满族剪纸被列入人类非物质文化遗产代表性项目名录，我在20世纪80年代设想的走出国门真的实现了。

满族前辈的民族情怀

　　1987 年，通化市文化界发生了一件大事，那就是"长白山满族民间剪纸、刺绣作品展"在北京民族文化宫展出，这是通化市有史以来第一次在北京举办的艺术展览，在美术界、满学界引起了强烈反响。

　　这个展览的酝酿与准备历时 5 年。1982 年，我在田野考察中于通化县发现了满族民间剪纸及第一位作者倪友芝，这是在国内外的首次发现，具有填补空白的重要意义。而后在长白山区又发现多位满族剪纸作者，与此同时对满族枕头顶刺绣作品进行了大面积考察、挖掘，至 1987 年，已征集了千余对。

　　1985 年，通化市的满族剪纸作品首次在全国亮相。11 月 9 日在山东济南召开中国剪纸研究会首届年会，同时举办全国民间剪纸展，吉林省共入选 14 件作品，其中 13 件是通化的满族剪纸。我应邀在大会上作了发言，介绍了满族剪纸作品的发现、研究及艺术特色，同时放映了介绍满族剪纸代表作品的幻灯片。满族民间剪纸以其独特的民族风格、浓郁的地域特色得到与会专家、学者林曦明、曹振锋、张道一、段改芳、仇凤皋、陈竟、鲍家虎等的称誉，大家给予高度评价，一致建议积极准备进北京举办展览。

　　"进北京举办民间剪纸展"这一意向得到吉林省文化厅、吉林省民委、通化市政府及文化局、民委的赞同，于是拉开了筹备进京展的序幕。

　　首先是准备剪纸作品，挖掘发现满族剪纸作者，扩

大队伍。先后两次在通化市、通化县举办剪纸作者创作辅导班，集中满族剪纸作者 20 余人进行创作。对作品的规格、使用的纸张提出要求，对创作题材予以指导，作品由艺术馆收藏保存。省群众艺术馆美术部主任张庆平专程从长春赶来，看望诸位民间剪纸作者，送给每人一把"张小泉"剪刀，许多作者保存使用至今。

几经联系，展览由吉林省文化厅、吉林省民委、北京民族文化宫联合主办，由通化市文化局、通化市民委承办，由通化市群众艺术馆收集作品、组织作者。

1986 年 12 月，我们专程去北京民族文化宫议定展览具体日程。通化方面由我与市文化局艺术科科长葛家友、市民委主任常裕春、秘书金丙素参加，吉林省艺术馆副馆长刘连生、美术部主任张庆平与满学专家石光伟也一同到京。我们与民族文化宫展览馆负责人廖洪超先生商议，展期定在 1987 年 2 月 10 日～3 月 5 日，并签订了协议书。

1985 年 7 月通化县
举行剪纸学习班

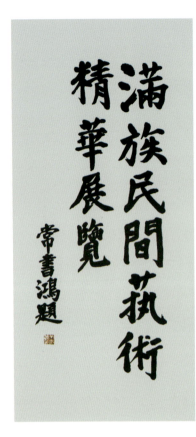

片纸能缩天下意
尖针可绣古今情

一九八六年冬 絜青书

满族民间艺术
精华展览

常书鸿题

在北京的几天里，由石光伟先生带着我与常裕春主任逐一拜访满族前辈，有溥杰、胡絜青、关山复、敦煌学专家常书鸿、书法家富察庄静、金世宗二十七世孙完颜佐贤等，请他们为满族剪纸、刺绣展题词。他们都对来自长白山区满族发祥地的民间美术给予高度评价，均题诗、题词，予以支持。

12月5日，我们去面见胡絜青（1905～2001）。她是满族正红旗，北京人，毕业于北师大国文系，1931年与老舍结婚。她酷爱文艺、书画，1950年拜齐白石为师。1958年受聘于北京中国画院，为一级美术师。老人当时住在北京一条小胡同里的一座四合院，房门紧闭。我们拉动门环，从里面出来一中年女子，是老舍的女儿。当我们说明来意后，她冷冷地说："没有北京市民委的介绍

常书鸿为"长白山满族民间剪纸、刺绣作品展"题词

胡絜青为"长白山满族民间剪纸、刺绣作品展"题词

长白山麓奇秀人手精
能心别运工剪纸善刺
绣不谢三花世同寿
长白山区满族民间剪纸刺绣作品展 安徽题 启功
一九九○年

长白山区满族民间刺绣剪纸展览志喜
繁华遗传地丁卯花栽今四百
聚乎诗满族散家居久地
同心团结国家长白山立
崎东北中都盛世更繁华夏中兴胜景民
嘉宫偌枝浮瞻仰
丁卯元 长白完颜佐贤撰句书贺

信,不能见。"我们见门上果然贴了一个"告示":为胡老健康考虑,来拜访的客人需经北京市民委同意。我们没带来这一手续,吃了闭门羹。事后石光伟与北京市民委赵主任联系,赵给胡老通了电话。当她得知来自满族发祥地——长白山的民间剪纸、刺绣进北京举办展览,十分高兴,立即题词一幅:"片纸能缩天下意,尖针可绣古今情。"楷书字体,遒劲俊秀。展览开幕时,胡老由女儿陪着参加,仔细听了我的讲解。

晚上去拜访关山复先生(1915~2010)。他是满族镶黄旗,吉林伊通人。关先生既是满族前辈,又是吉林省老乡,他热情接待我们,并题字——"曼殊文化,源远流长。"

接着去拜访常书鸿(1904~1994)。他是满族前辈,画家,敦煌学家。他的房间里到处堆满了书、画册等。我们送上满族剪纸、刺绣的作品照片册,常先生及夫人李承仙逐一审阅，十分兴奋。第二天，葛家友去取题词。常先生书写了"满族民间艺术精华展览"几个大字，楷中见隶，遒劲有力。令家友难忘的是，常先生家的墙上有一块裱好宣纸的大画板，旁边放有笔墨，凡是来访的人都要在画板上签名留念。真是少见的创意！家友也认真地签上了自己的名字，深感荣幸。

葛家友还独担重任，去北京师范大学见满学泰斗、时任中国书法家协会主席的启功先生（1912～2005），请他为展览题词。启功先生年龄大、名气大，拜访的人太多。学校有规定，只在每日下午2～4时会客，其他时间电话都打不进去。启功先生住师大院内的家属楼，二层，由他的侄女兼秘书照料与接待来访。家友去时，启功先生正在给研究生上课。在家友的印象中，他是位个子不高、胖胖的小老头，很和蔼。家友递上北京市民委的介绍信函，说明来意，先生告之明天来取。第二天，家友准时到达，先生将已写好的题词拿了出来。家友眼睛一亮，这是一幅四尺整开的力作，题写自作诗一首："长白山，毓奇秀，人手精能心剔透。工剪纸，善刺绣，不谢之花世同寿。"家友真是喜出望外，呈上两棵人参为谢。先生说："我高血压，用不上，留着送给别人吧。"启功先生有浓浓的民族感情，赋诗又题写，却不取分文，其品格令人感动。

我们执意要请溥杰先生（1907～1994）题词。他是清朝末代皇帝溥仪的胞弟，曾在长春居住多年，又是著名书法家，其字学瘦金体，颇有特色。我们请北京市民委帮忙联系，得到的消息是他的日本妻子嵯峨浩病重，正住院抢救，他的妻妹也专程从日本赶来护理姐姐。真是遗憾！不过很快又传来消息，溥杰先生得知在北京举办来自长白山区的满族民间艺术展时，十分高兴，当即应允，令人找来纸笔，竟伏在病床上为我们题写了"长白山满族剪纸刺绣展"一行楷书大字。开幕式那天，溥杰与他的日本妻妹一起参加了开幕活动，认真观摩作品。

我们还登门拜访了著名满族书法家富察庄静，请老人为之题词。他是位退休教师，具有很浓的民族感情，当场提笔，我与石光伟先生在一旁端墨扯纸。转瞬间一副对联完成，落款，用印，十分精道。这副对联是："绣出满园花世界，剪得风露鹤精神。"

我们又拜访了在京的金世宗二十七世孙完颜佐贤。他也是满族著名学者、书法家，立即表示要为展览赋诗并书写。开幕式那天，老人将写在一张四尺整开宣纸上的一首七言律诗展示出来。这首诗充满民族自豪感，充满对长白山满族文化的热爱之情："祖辈遗传枕顶花，于今四百众争夸。满族散处居各地，同心团结爱国家。长白屹立峙东北，中都盛世更繁华。民宫倚杖得瞻仰，华夏中兴胜景嘉。"

这几位满族前辈均已作古，而他们充满民族情怀的题诗题词却闪现着奇光异彩，照亮中华民族文化的锦绣前程。

开幕式上，展示金世宗二十七世孙完颜佐贤老人为展览题写的四尺整纸的七言律诗

暖暖冰雪情

——我与于志学先生翰墨情谊 20 年

　　我与于志学先生，从相知到相识，从神交到挚交，经历了 20 余年。这期间，我们曾经有过三次会面，许多往事历历在目。

　　我出生在长白山区，是听着迷人的人参故事长大的，是喝着清澈的鸭绿江水长大的，是伴着阵阵林海的涛声长大的，是在皑皑白雪的嬉戏中长大的……我从小喜欢画画，一心想把长白山、鸭绿江、丛林、白雪表现出来。

　　我从 1958 年参加工作起，开始学画山水画，就对表现冬雪有很浓的兴趣。我找到许多历代山水画观摩，找来许多古代画论诠读。古人为表现冬雪留下许多不朽之作，如宋代范宽的《雪景寒林图》，堪称神品。古人为我们留下了画雪的理论著述，创造出"以纸为雪法"（留白法）、"弹雪法"等，表现的大多是"溪深难受雪，山冻不流云""野桥梅几树，并是白纷纷"（清·洪昇《雪望》）的江南雪，是飘时皆白，落地即融的轻雪。这些技法对表现白山黑水间的"终年积雪""狂风暴雪"却显得无力，远远不够。这些古人多半未出过山海关，无缘领略关东的大冰大雪，也自然难以在绘画中表现，为后世留下了遗憾。

　　20 世纪 80 年代，许多杂志、报刊介绍了于志学先生的冰雪山水画，他以全新的观念、全新的技法、全新的面貌展现关东冰雪，令世人耳目一新。

关东这块黑土地，终于培育出一位前无古人的自己的大画家，让人感到欣慰与自豪。

其后，当时的《中国美术报》连续登载文章，系统介绍冰雪山水画技法，毫无保留，体现了作者的宽阔胸怀。我当时真是欣喜若狂，把报上连载的文章剪了下来，细细研读，反复琢磨，又到冬野中去体味、去写生、拍摄照片……由于我对长白山冰雪的挚爱，对于志学先生冰雪山水画技艺的渴盼，使我成为我们这里的冰雪画家。但是，我又总是不得要领，进展缓慢，我多么渴望能见到于先生，当面请教啊！

第一次在哈尔滨见到于志学先生

1987 年夏，东北三省国画展在哈尔滨市开幕，我作为吉林省代表团的成员前往，第一次见到了于先生。他个子不高，声音洪亮，健谈豪爽，具有关东人的气魄。我当面向他请教冰雪山水画的诸多问题——如何调矾、如何选纸、如何用笔……于先生都一一认真作答，十分耐心和热心。我的印象是于志学先生"名气大，架子小""个子小，气魄大"。

还有一件事就是我见到了黑龙江的王纯信。我们俩重姓、重名，又都从事美术工作，在全国和东三省的美展中、报刊中都见过对方的作品，却没有见过面。在这次开幕式上，两个王纯信见面了，一时成为新闻，传为佳话。我们二人竟长得很像——个头一般高，脸形相像，都戴着一副近视眼镜。我俩一见如故，如同亲兄弟，他长我两岁，是为兄长，我们在哈尔滨一起合影留念。纯信兄和于志学先生是好友，有了这层关系，我与于先生的联系更加密切了。

请于志学先生到通化来

我与于先生的第二次见面在 1998 年，是将于先生请到通化来的。

1996 年，通化师院美术系承担了一项教育部立项的、世界银行贷款的高等师范美术专业教学改革科研课题，我任课题组组长。1998 年 6 月课题结项验收时，要求从东三省聘请美术界著名学者作为验收组专家。吉林省请了东北师大美术系主任齐凤阁、张力教授；辽宁省请了辽宁师范大学美术系主任于敦厚教授；黑龙江省呢，我与王纯信兄商议，决定请于志学先生。我原来估计他社会活动多、创作任务紧，难于成行。没想到，对我的电话邀请，于先生痛快应允，真是令人喜出望外。

于先生没有来过通化，从哈尔滨到通化还要换车中转，旅途劳顿自不必说。6 月 8 日晨，长春至通化的列车进站，我又见到了于先生。离哈尔滨那次会面，转眼间已是 11 年过去了。

于先生及诸位验收组专家，与通化师院美术系课题组成员热烈讨论高等师范院校的美术教育改革，悉心听取我们的科研成果汇报。于先生热情、积极、充满朝气。其间，我们一起去集安参观高句丽遗存古迹。于先生对高句丽文化十分感兴趣，悉心听取讲解，并时时提出疑问，还提笔记录，这种求知精神令大家惊叹。他说："到通化来的最大收获是看到了高句丽壁画和好太王碑。"在通化短短的几天里，我一直陪同于先生，这是极好的学习机会，请教与交流相融，讲解与示范结合，令我收益颇多。

自此之后，我与于先生保持热线联系，书信频繁。于先生还从北京寄来他的新作《于志学冰雪山水画》VCD 光盘。我反复观摩与临习，并与长白山区的自然风

貌、民风民俗相结合，冰雪山水画技艺有了不断提高。

这些年，我与女儿王纪先后出版了研究长白山区满族民间美术的专著《长白山满族民间剪纸》《满族民间美术》《萨满绘画研究》等，都在出版后的第一时间寄给了于先生。2001 年 8 月，他接到我寄去的《满族民间美术》后，马上让助手卢平来函，告之"于先生高度评价您的这本书，对研究北方文化非常有意义。另外，希望您能再寄一本到北京，这样可以北京放一本，哈尔滨放一本"。于先生对白山黑水文化的执着与亲情，真的令我好感动。

在北京拜访于志学先生

2004 年 1 月 24 日，大年初三上午，突然接到一北京打来的长途电话，电话那端一个洪亮的声音说："纯信，你好啊！没有想到吧，我是于志学……"于先生亲自给我打电话，我真是没有想到。在相互问候之后得知，他正在写一篇关于高句丽壁画的文章，要在几天内完稿，将在《中国文化画报》上发表。现在，急需我提供一幅

王纯信与于志学等合影
（右二为于志学先生）

153

高句丽壁画彩图作为例证。我连夜找图，又用特快专递寄去。于先生已年近古稀，却在如此分秒必争治学，真是如同东北民歌《小拜年》中唱的"队里的活计忙啊，初三就上班……"可从电话里得知，于先生从年三十到现在一天也没有休息。在电话中，于先生热情邀请我到北京家里做客。

2005年4月8日，我去中央美院参加"国际非物质文化遗产学术研讨会"。会后，我在北京小作停留，其中一项重要使命就是拜访于志学先生。这第三次会面已等待许久、许久。

4月15日下午4时，乘车几经询问，我找到了位于朝阳区东三环农光里的于宅。于先生刚从南京归来，风尘尚存，却热情接待我的到来。首先带我参观他的大小两个画室，于先生作冰雪山水画，纸张是立着的，大画板和墙一样长、一样宽，一按电钮可升、可降、可俯、可仰。盛画具的案几和座椅也可电动升降，是个全新的自动化画室，打破了中国画家作画的传统程序。我又好奇地看于先生作画的宣纸、画笔、矾水瓶，想从这里发现什么奥秘。其实，这些画具与其他画家的丝毫无异，所不同的是，于先生有几十年的艺术修养积淀和活跃的艺术思想、独创精神。

于先生兴致很高，对来自东北的朋友格外亲热。我们一起留影为念，他又盛情领我到附近的一家饭店吃北京烤鸭。饭桌上，我与于先生谈论如何表现关东风情，于先生提出了"冷文化"的新概念。"冷文化"三个字是北国的冰雪文化的提纯，其内涵丰富，概括了关东的自然特性。由于冰雪而产生了关东的桦树皮文化、兽猎文化，繁衍着彪悍的民族、创造出粗犷的艺术……于先生说振兴关东"冷文化"，要形成一个流派、一个群体，需

要"一人立论,众人求证"。我决心投身到这求证的队伍中来。

从北京归来后,我着手筹备在通化成立冰雪山水画研究会,有机会得到于先生的更多指点,使兴安岭、长白山的冰雪绘画联袂翰墨,为振兴东北的冰雪绘画携手向前。于志学先生对这一创意十分支持,亲笔题词:"漫漫耕耘路,代代冰雪情。"

我与于志学先生的20年友情,是因北国的冰雪而结缘,这情、这缘如同北国春天里的冰雪,纯洁而温暖。

王纯信在于志学的北京工作室,一起交流并分享各自的研究成果

难忘的会面

—— 回忆 1987 年对申沛农先生的访问

　　我是在长白山区长大的，从小喜欢画画，也喜欢剪纸。20 世纪 50 年代报纸上、杂志上经常发表申沛农的剪纸，多为儿童题材，内容喜庆，造型可爱，这令我着了迷，将能见到的这些发表的剪纸收集起来，贴到一个本子上。1958 年，我师范毕业，在小学当美术老师，参照申沛农的人物造型，进行剪纸创作，表现长白山区的儿童生活，作品受到好评。

　　80 年代，我在通化地区艺术馆任负责美术工作的副馆长，开始在长白山区从事满族民间美术的田野考察与保护研究。1982 年在通化县发现满族民间剪纸，这是在国内外的首次发现，具有填补空白的意义。1985 年满族剪纸亮相全国剪纸展，在美术界、剪纸界引起轰动。

　　我通过多年对满族剪纸的考察、收集、研究，又与申沛农先生的剪纸相比较，顿悟到申先生的作品大量汲取了民间剪纸的精华，特别是学习了北方剪纸的粗犷线条、朱白对比强烈等特性。他又能从传统中跳出来，创立自己的造型技艺，为现代人群所接受、所喜爱，成为雅俗共赏的品牌作品。我这时更想尽快拜见申沛农先生，彼此交流探讨剪纸传统的继承与出新，从而加快加深对长白山满族剪纸的研究。

　　1987 年 2 月，"长白山满族民间剪纸、刺绣作品展"在北京民族文化宫举办，为时半月。满族剪纸以浓郁的

乡土气息、鲜明的民族风格，誉满京华。我在记者招待
会上介绍了长白山满族剪纸的发现经过与风格特征。四
位满族剪纸作者现场表演，在开幕式上向与会的专家、
学者、满族前辈介绍满族剪纸作品。在北京筹备展览的
过程中，我就请北京市民委的同志帮忙联系，请申沛农
先生来参加开幕活动，看看来自满族发祥地的剪纸作品。
但是得到的回复是：他因身体原因，出不了门。当时是
冬季，天冷路滑，又没有出租车，不能到会。于是我当
即表示，我们去拜访申先生。

　　1987 年 2 月 22 日是个难忘的日子，吃了晚饭，由
申先生的学生靳鹤年带路，来自长白山区的展览工作人
员和剪纸作者一行 12 人去申沛农先生家做客。连日来由
靳鹤年往返沟通，申先生已在家等着我们。当时的北京
交通工具就是公交车，我们一帮人拥上挤下，换了几路
车，走进一条小胡同里的一个四合院，这就是申沛农先
生的家。记得他与哥嫂住在上房里，共三间，中间是客厅，
墙上挂着申沛农剪的大幅《中堂》，两边是卧室。申先生
得到哥哥嫂子的精心照料，今天已坐在椅子上急切等待
着，还为我们的到来准备了花生、糖果与茶水。靳鹤年
带我们进了门，我抢在前面与申先生握手，二三十年渴
望拜见申先生的愿望此时此刻实现了，激动的心情难于
言表。

　　我向申先生逐一介绍了来访者。申先生说，他在报
纸上见到了报道，又听了靳鹤年的介绍，认为满族剪纸
很有特点，他很喜欢。接着请我们的作者现场剪纸。他
已事先准备了纸张，作者拿出随身携带的小剪子认真剪
了起来。申沛农先生兴致很浓，微笑着看她们剪纸。不
一会儿，"回脖鹿""嬷嬷人""人参姑娘"等就剪了出来。
申先生一幅幅拿在手上细看，连声说："好！好！"应作

1987 年 2 月 22 日，
申沛农于家中会见长
白山区的剪纸界朋友
（前排中为申沛农）

满族剪纸作者在
申沛农家现场剪纸

者之请，又一幅幅予以品评。

作者将这几幅剪纸赠申先生作为纪念，他高兴地说，要写篇文章，宣传介绍满族剪纸，这几幅剪纸也要一并刊发。看看天色已晚，我们一一与申先生握别，真是难分难舍。我送先生几棵长白山人参，嘱其嫂如何泡制服用，祝申先生身体康泰……

如今，我们历时 30 年对长白山满族民间剪纸的保护研究，不断取得进展，出版剪纸专著三部，发表相关论文 20 余篇，长白山满族剪纸已列入国家级非物质文化遗产名录。这些成果的取得，与当年受到申沛农先生重视对民间剪纸的研究与学习这一艺术理念的影响有关；与申沛农先生当年对满族剪纸的积极评介，给我们鼓励打气有关；与申沛农先生一生致力于民间剪纸的保护、发展、传承所作出的示范性努力，成为我们保护非物质文化遗产的楷模有关。

回忆当年与申沛农先生的珍贵一面，真是终生不忘，清晰如昨，申先生的坚韧执着与艺术成就，成为我的一面镜子，对我从事满族民间剪纸研究事业产生了积极影响，写此短文以诉缅怀之情。

两个王纯信，聚首哈尔滨

20世纪60年代，我在《连环画报》《农民画报》等多家刊物上，见到一位也叫王纯信的作者，常常发表连环画，画得很好。和我重名，一字不差，又都是在美术领域工作。我感到好新鲜、好有趣。几经打听，知道这个王纯信在黑龙江省美术馆工作，我真想去会会他。那些年，我也在美术界逐渐崭露头角，常常在各级展览与报刊上有作品亮相，署名王纯信。他见到了另一个与自己同名的作者出现，也会感到惊异，会对这个王纯信为何人感兴趣吧！

80年代初，通化地区美协组织美术作者去北京参观美展，当时的北海公园，展览很多，人山人海，地区美协李家伟从人群中挤过来对我说："我见到黑龙江的王纯信了。快！我跟你去见他。"事发突然，我兴奋至极。我俩跑过去，可是人太多，无法找了，这次会面的机会竟擦肩而过。

机遇来了！1988年，东北三省关东画展在哈尔滨美术馆开幕，我作为吉林省的代表参加了开幕活动。

我一到美术馆就去找王纯信，他就在这工作。美术馆一位讲解员说，他也在找你，他知道你来了。

在美术工作室，两个王纯信见面了！四只手紧紧握到了一起，很久，很久。待我俩坐下来，互相端详，不约而同大吃一惊，两人长相竟十分相像，都是圆圆的脸，皮肤白净，都戴着一副近视眼镜；个头一般高，都穿着时兴的中山装,头戴前进帽。只是他长我两岁，祖籍山东，我的祖籍是山西。

　　纯信兄说:"我早就注意到你和你的作品,1984年全国第六届美展,中国画展区在南京展出,好多人告诉我说:'你的国画参展了。'我当时也挺纳闷,我这次没拿国画呀?当我在展厅见到了画在六尺宣纸上的《福到农家》时,我猜对了,果然是纯信弟的作品。我看了很长时间,画得确实很好,立意好,构思新,地域特色很浓……"

　　我说:"您的名气大得很,您的连环画《闪闪的红星》在全国获奖,影响很大,许多画友纷纷来电话、来信向我祝贺,闹得我好尴尬,说不明白了。""那年您的一笔稿费竟寄到我这儿来了。编辑部的编辑说,这地址是好不容易找到的,才知道王纯信在通化。"真是令我啼笑皆非。

　　……

　　纯信兄说:"您喜欢画冰雪,于志学可是冰雪山水画的创始人,我给你引见一下,我俩关系十分密切。"这正是我巴不得的,他带我在展厅里见到了于先生,他很热心,很健谈,对我提出的浅显问题一一作答。由于这次见面才有了以后我与于先生的多次交往。

　　"两个王纯信见面了!"是这次展览的一个亮点,传为佳话,我俩坐在一起,拍照为念,名云"哥俩好",留下了这美好的时刻。

通化市美术家协会
书法家协会大事记（1979 ~ 2003）

（根据王纯信日记择录）

1979 年

1月5日　通化地区文艺工作者代表大会在通化宾馆召开。这是党的十一届三中全会后的第一次盛会，成立了通化市美术摄影工作者协会，于敬升为主席，葛家友、李家玮为副主席，李家玮兼秘书长。同时成立白山国画会，这是吉林省的第一个画会，葛家友为会长，王纯信、曹鸿欣为副会长，请李世南为名誉会长。此后白山国画会两次请李世南、周韶华来长白山区讲学，三次去西安、敦煌考察，举办八届画展并进省举办展览。白山国画会培养了几十位青年作者，在当时产生了较大影响。至1985年，地区分家，白山国画会完成历史使命。

王纯信带领白山国画
会成员在长白山写生

1984 年

9 月 16 日　通化地区书法工作者协会在海龙磨盘山水库举行成立大会，来自各市县、国省营单位、部队的作者 80 余人到会。大会选举王林为主席（梅河），于敬升为常务副主席，张庆余、高峻清（通钢）、曹鸿欣（通化师院）为副主席。王纯信（地区艺术馆）为秘书长、孙世忠（梅河）为副秘书长。

1985 年

1 月 20 日　地区艺术馆与美协举办"油画学习班"，请著名油画家贾涤非老师授课，学员 40 余人。

2 月 14 日　艺术馆、书协、老干部局举办"迎春笔会"，写春联赠给离休老干部。

3 月 6 日　"刘弼书法作品展"开幕，由文联发稿费 200 元、装裱费 220 元。

7 月 10 日　省教育学院举办全省儿童画展，通化市入选 50 余件作品，王纪、梁克航、李宝琦等小作者获奖。

7 月 11 日　省美协举办赴香港国画展，通化地区王纯信、宫鸿友、张世新、吴颜学、赵丁等的 8 件作品入选。

8 月 10 日　艺术馆与师院联办的美术大专班开学，正式录取 30 人，学制两年，发大学专科文凭。

王纯信带队白山国画会
赴甘肃敦煌作学术考察

12 月 5 日　通化、白山、梅河、丹东"鸭绿江风情画展"在丹东开幕，王纯信、于敬升、张天录代表通化市参加。1987 年 1 月 16 日该展在通化市开幕。

12 月 8 日　著名画家周韶华、李世南应美协、艺术馆之邀，来通化讲学。

1986 年

1 月 20 日　"通化、白山、梅河三市书法联展"开幕。

3 月 14 日　"吉林省群众美术作品展览"开幕，中央美院杨先让教授到会，通化市的满族剪纸与刺绣受到一致好评，杨教授指出"要到北京举办展览"。

5 月 15 日　"通化—临汾剪纸联展"在山西临汾开幕，通化市文化局副局长杨伟传与王纯信、杨佐亭等 5 人参加开幕活动。8 月 20 日，展览在通化市开幕，临汾专员、作者十余人来通。

7 月 7 日　"全国 18 省市剪纸联展"在沈阳开幕，通化市代表吉林省参加，26 件作品展出。

8 月 19 日　"通化市首届书法展"开幕。

同日　大连羽毛美术厂张德鹏书法展在艺术馆开幕。

9 月 20 日　吉林省举办"松花江——我的家乡"画展，通化市有 21 件作品入选。

1985 年通化师范学院和群众艺术馆联合举办的美术大专班集体合影

11月1日　通化市重点书画作者李禹、于学仁、杨玉春、李君、李青木、吴颜学、邹朝明等参加湖北艺术节活动。

1987 年

2月21日　"长白山满族民间剪纸、刺绣作品展"在北京民族文化宫开幕。国家民委副主任洛布桑、文化部部长周维峙，满族知名人士溥杰、常书鸿、关山复、胡絜青及著名画家古元、杨先让、薄松年、李寸松、曹振锋等300余人到会。

1986 年 5 月 23 日
通化—临汾民间剪
纸艺术联展开幕式

長白山區滿族民間
刺綉剪紙作品展覽 博杰

3 月 30 日 "曲宗燮遗作展"开幕，由其夫人、子女征集作品 100 余幅。

6 月 11 日 由市艺术馆、美协、书协、影协联合主办的"集安书画摄影展"在通化市艺术馆开幕。

9 月 2 日 为迎接葡萄酒节，"通化市书法、绘画、盆景、根艺展览"在艺术馆举办。

9 月 24 日 "育红小学美术作品展"在艺术馆开幕。

10 月 1 日 "吉林省青年画展"通化展区（通化、辽源、白山）开幕。

10 月 21 日 "辉南县书法展"（辉南高集岗乡书法作品展）在通化市开幕，展出 20 余位作者 116 件作品。

1988 年

1 月 20 日 通化—东丰"美在民间"民间美术展在通化开幕。

1987 年，"长白山满族民间剪纸、刺绣作品展"开幕式上现场发放的剪纸纪念册

168

4月9日 "战士马未定书画作品展览"开幕。

7月27日 版画家王麦杆来通化讲学，赠送国画作品数十幅。

9月10日 由市教育局、文化局联合主办的"通化市儿童画展"在北京官园开幕。

12月14日 通化市编委正式下发文件，批准成立通化书画院，编制7人，院长张天录，副院长王纯信。附设"汲美斋"画店。

1989 年

1月17日 "三老（张庆余、牟民、张熙）书法展"在老干部活动中心开幕。

1月20日 省书协与通化、浑江书协联合举办的通化—浑江"长白山百人书法艺术大展"开幕。

1月31日 通化书画院举办"迎春茶话笔会"。

5月20日 通化市油画展在通化县文化馆开幕。

7月15日 通化市书画院成立大会暨汲美斋开业典礼举行。

8月10日 "通化市首届硬笔书法、篆刻艺术展"开幕，"通化印社"成立。

11月1日 由省画院、省美协、省书协主办的"王纯信山水画展览、葛家友书法艺术展"在省博物馆开幕。

12月26日 "姜也、秦维国书画展"在中国美术馆开幕。

同年 张天录任美协主席，至1998年。

1990 年

1月11日 "通化市书法篆刻展"在科技馆开幕。

1月20日 "通化市硬笔书法第二届展览"在科技馆开幕。

2月24日 "白山国画院第八届画展"开幕。

6月6日 "张玉华西亚山水画展"开幕。

6月13日　"张世新长白山风情水墨画展"在艺术馆开幕。

6月20日　"金英水彩画展"开幕。

7月1日　刘弼、王纯信、李君、张宏、李青木、邹朝明、张志军、李芳、赵立新、陈桂芳、郭兴志、崔忠昌、于志刚、王立安、任锡坤参加省书协书法提高班。由丛文俊、秦士蔚讲课。

7月28日　"邢家俭书法展"开幕。

9月8日　"通化市中小学师生画展"开幕。

9月14日　"顾林、赵正金画展"开幕。

9月17日　"吉林省群众美术大展"在松江河开幕，通化市数十位作者参加展览开幕活动，多件作品参展与获奖。

10月24日　"长流小学篆刻艺术作品展"开幕。

11 月 22 日 "通化书画院、四平书画院联展"在省博物馆开幕。

12 月 18 日 "通化县邢春明篆刻，倪友芝、王恒新剪纸展"在艺术馆开幕。

12 月 21 日 通化书画院、汲美斋画店举办迎新茶话笔会。

1991 年

3 月 30 日 "通化书画院、四平书画院联展"在通化市科技馆开幕。

6 月 9 日 吉林省举办"建党 70 周年美展"，通化市多件作品入选。

8 月 17 日 "通化市税法宣传美术、书法摄影展"开幕。

1992 年

2 月 14 日 吉林省美协副秘书长高国方与苏晓民来通化，了解"五二三美展"筹备情况，召开座谈会。

2 月 18 日 （正月十五）通化市举办灯展。

5 月 30 日 "王大鹏少儿山水画展"在少年宫开幕。

7 月 15 日 "战士刘大印画展"开幕。

9 月 15 日 "老年书画展"开幕。

9 月 25 日 吉林省美协"首届理论研讨会"举行。

1993 年

10 月 17 日 吉林省美协"理论研讨会"在通化市举办。

1994 年

1 月 28 日 "孙笑武少儿画展"在艺术馆开幕。

10 月 6 日 通化市美协推荐作品参加省"建国 45 周年美展"，入选 11 件。

1995 年

1 月 14 日 在通钢企业公司举办"迎新春书画笔会"，市内书画作者 20 余人参加。

9 月 25 日 吉林省"第二届关东民间剪纸展"在通化

开幕,师院美术系为主办单位之一。

1996 年

1 月 10 日　吉林省美协代表大会召开,通化市代表为张天录、王纯信、葛家友、麻显刚。

5 月 4 日　"通化市青年书法篆刻家协会"成立并举办书法展。

7 月 18 日　通化市"框装小幅作品展"在科技馆开幕,由框条厂协办。

9 月 26 日　"柳河县书画展"在柳河开幕。

1997 年

1 月 29 日　市书协与青年书协举办"春节联谊笔会"。

6 月 25 日　通化师院"美术系教师美术作品展"开幕,展出 52 件作品。

6 月 26 日　"通化县书画展"在通化县老干部活动中心举办。

9 月 10 日　"迎十五大通化市美展"在科技馆开幕。

11 月 3 日　通化市美协"水彩画艺术委员会"成立。

1998 年

1 月 18 日　中央电视台"纪录片之窗"记者邵振堂专程来通化,采访侯玉梅,拍摄专题片"神剪侯玉梅"。

5 月 12 日　召开美协理事会、换届,王纯信任主席,包天仁、张天录任名誉主席,50 余人到会。

7 月 30 日　"刘弼书画展"在艺术馆开幕,并于 9 月 25 日举行研讨会。

9 月 8 日　"卞玉琢画展"在艺术馆开幕。

10 月 14 日　"老年书画展"在老干部局开幕。

10 月　多件美术作品参加吉林省写生画展。

11 月 25 日　"张中信、林淑秋画展"在艺术馆开幕。

12 月 8 日　市美协成立"少儿绘画艺委会"。

12 月 25 日　"纪念党的十一届三中全会召开二十周

年"美展开幕，展出 200 余件作品。

1999 年

1 月 27 日　老干部局、老龄委举办迎春笔会。

2 月 5 日　艺术馆举办的"艺术博览会"开幕。

4 月 27 日　通化市老干部书画协会举办的"三代人画展"在艺术馆开幕。

6 月　王纪的水彩画《小牛》参加东三省水彩画展，并获铜奖。

9 月 10 日　"通化市美展"在艺术馆开幕，展出 150 件作品。

10 月 14 日　"老干部书画展"开幕。

12 月 10 日　"黄千画展"在师院开幕。

2000 年

4 月 11 日　美协主席团会议，各市县的副主席均到会。

9 月 12 日　通化市第一本画集《通化书画》在辽宁美术印刷厂印刷出版。

9 月 5 日　"书画院画师画展"开幕。

9 月 6 日　"纪念抗美援朝胜利老干部与少儿书画展"开幕。

12 月 28 日　"董燕菲画展"开幕，展出作者在中央美院进修时创作的工笔花鸟画数十件。

2001 年

1 月 8 日　美协"开世大吉笔会"暨《通化书画》首发式举办。

6 月 12 日　"通化市建党 80 周年美展"开幕并出版画集。

10 月 7 日　全国政协"三下乡"来通化。

同日　王纯信、尹国有著《吉林民间美术》获中国民间文艺山花奖·学术著作二等奖。

2002 年

2 月 1 日　顾林艺术座谈会在档案馆举办。

2 月 2 日　政协书画院成立。

5 月　吉林省"纪念延安讲话 60 周年全国美展"吉林展区在长春文化活动中心开幕，共展出 240 件作品，其中通化市展出 21 件。

6 月 19 日　"吉林省满族剪纸研究会"成立大会召开。

9 月 3 日　政协书画院主办，艺术馆、美协、书画院承办的王纯信、葛家友、于树智、杨玉春、马英杰、徐树林、徐久忠七人"长白山风情山水画展"在艺术馆开幕。

9 月 9 日　政协书画院与市书画院联合举办"长白山风情与美术创作"理论研讨会。

9 月 24 日　"政协书画展"开幕、评奖。

11 月 5 日　老干部局举行《老年书画集》赠书仪式。

2003 年

6 月 19 日　通钢举办"建厂 45 周年书画展"。

6 月 26 日　在玉皇山举办张中信、高润君、巴中贤、石润芝"小幅水彩画展"。

7 月 1 日　"花鸟画联展"开幕，展出 14 人 118 幅作品。

7 月 4 日　"地税书画展"开幕。

7 月 30 日　"书画下军营"到 125 部队，现场作书作画。

10 月 17 日　美协换届大会暨第二届会员代表大会召开。

12 月 2 日　徐树林"师生山水画作品联展"开幕。

12 月 9 日　"董庆林书展"开幕。

12 月 24 日　东昌区举办"于波画展"。

通化师范学院组建美术系始末

　　1991 年 2 月的一天，通化师院的原教务处处长、现基础教研部主任袁训林到书画院来找我，很神秘地说："师院要筹建美术系，今年就招生，当务之急是调美术教师，你是通化美术界'权威'，熟悉情况，由你给拉个单子，要调五六个人。"他又说："我刚从文化局来，副局长辛德志是我的学生，他也说这物色教师的事就找你。"最后他严肃地说："你想不想来师院，我们缺一个有高级职称、学术上有影响的人来挑头，你是最合适的了……"

　　说起来话长，我与袁训林是老相识，打过多年交道。1983 年，当时师院的教务处处长是曹鸣欣，他是我初中时的美术老师，对我有很大影响。他与同在教务处的袁训林提出要与艺术馆合办一个美术大专班，学生由省招生办考试录取，由师院负责招生、发文凭，由艺术馆负责请专业老师上课、安排学员上课地点、食宿及学员的管理。当时共录取了 30 名学员，我是"系主任"兼班主任，聘请省里著名国画家胡悌麟、贾涤非、朱松年、李一凡等上课。这个班办得很成功，当时的文凭含金量很高，这些学员毕业后都成为了专业骨干。这个美术专修班可说为美术系的成立奠定了基础，我也与袁训林成为了好朋友。

　　经过几天的考虑与了解情况，我列了一个人员单子：一为李禹，市群众艺术馆，大专学历，中级职称；二为周韶斌，柳河县文化馆，大专学历，中级职称；三为麻显刚，通化市教育学院，大学学历，中级职称。关于我的去留，我思想很矛盾，舍不得刚创立的书画院，但又觉得师院是更广阔的天地，最终决定去师院。当时还考虑了调文化局艺术科科长葛家友，他是我的老同学，但他考虑文化局答应给他解决住房，就放弃了这一机会。

袁训林看了这个单子，知道所列人员是地区美术界的精英，马上向师院领导汇报，3月29日获党委通过，并约我到师院与院领导见面。我和李禹均属通化市文化局管辖，找到局长侯振锋要求调转，他说："你们都是人才，不能轻易放走，但现在文化部门不景气，师院是个好地方，走吧！"当天就办妥了手续。

当年，师院党委书记是蔡广文，副院长钟玉珍主持行政工作。4月8日，先去见蔡书记。我一进屋，他马上站起来与我握手，并亲自给我倒了一杯水，体现了教育界领导礼贤下士的风范。他说："我的意见叫美术系，现在隶属基础部，9月份开学正式分出来，这个系就由你负责，以后正式任命，马上安排招生。"钟院长也很热情，问我："你来了就是系主任，系总支书记谁合适？"我说："除了我还有两名党员，一为王锡嘉，另为李禹，从全面考虑，还是王锡嘉合适。"钟院长一拍手："和我想到一块去了，就这么定了。"至此，通化师范学院美术系组建成立了。我在书画院是副院长，副科级一下提为正处，连升三级，王锡嘉是连升四级，真是"无心插柳柳成荫"啊！

专业老师除了新调来的，还有师院原有的三个人，均在基础部教美术公选课，一为王锡嘉，二为类维顺，艺术学院中国画专业，三为黄千，是学物理的，但潜心跟曹鸿欣老师学习国画。我与袁训林一起去省艺术学院与东北师范大学，要了两名毕业生李歆和韩立新。

师院当时条件很差，在男宿舍给挤出一个小屋作办公室，在女宿舍五楼挤出一个大屋作教室。

按省里的招生计划，当年招生20名，那时吉林省的大专院校大多没有美术专业，所以报考的考生很多，竟有上千人。

　　我与几位老师研究，抓住这一有利时机，办考前培训班，参加学习者挤满了一个大教室，美术系成了学院的"富裕户"。那些天，来找的亲戚、朋友、老同学、老同事真是太多了，每天一下班，我家屋子里、院子里已等了许多人，都是来走后门的。考试作弊可是条高压线呀，我这刚上任的系主任哪敢呀！我的做法是一一接待，看看学生的作品，记下考生的姓名、考号，仅此而已。

　　定于4月21日专业考试，按当时的政策，美术专业是自己出题、自己考试、自己评卷。由我一个人出题——素描为一组静物；色彩也是一组静物，由陶、瓷、罐、盘、水果、垫布组合；速写为坐姿的女青年。教务处将题封存，准备好了多组静物的物品。我们这些老师大多来自文化部门，刚涉足教育，凭着热情、严谨，顺利完成招生考试。当时报考美术专业的都要考好几年，录取的20人中，只有应届生2人。考试的卷子，当场密封，由学院纪检部门监管。评卷选在通化县宾馆，远离市区，远离干扰。评卷的老师由教育处副处长范景诗圈点，突然宣布名单，马上就上车，告之牙具等物品都给准备好了。评卷老师为5人，即我、王锡嘉、类维顺、李禹、麻显刚。评分的方法很严谨，先把卷子按水平分为四类，一类卷90～100分，二类卷80～90分，三类卷70～80分，四类卷60～70分。评分时老师坐成一排，由工作人员在2米远处举起卷子，老师在几类卷的范围内赋分，写在一张纸上。亮分后，去掉一个最高分，去掉一个最低分，取其平均分，就是这张卷子的成绩，当场用钢笔写在卷子背面。评分的全过程均有学院纪检部门的人员在场。

后来，美术系的老师周韶斌、李禹、类维顺、麻显刚等调走，又有尹国有、刘玉民、王纪、马笑竹等调入，招生人数逐年增加。

我在 1998 年被评为教授，1999 年从系主任岗位退下来，由尹国有接任。2006 年，尹国有退居二线，由黄千任第三任系主任。

如今的美术系，已有老师 30 余人，多为艺术院校毕业的年青一代；有学生近千人，来自全国各地，已成为师范学院的大系了。

这些都是后话。

通化绘事百年史话

一、通化绘事百年

通化的美术主要是绘画,在清末建县以来是什么状况,无史料可查,是一段空白。至20世纪初,通化的绘事,已有记述。

1.20世纪30年代(民国时期)

据成书于1927年的《通化县志》记载,那时通化已有擅绘画的人才。

勾永仙,别号乐天道人,"幼而聪颖""逃于禅堂,不顾尘世,山林独坐,冥然于绘事,其所绘山水兰菊有名于时"。他善于画山水与花卉。

胡名山,"字筱川,县城人也,幼极聪颖,所读之书,过目即了嗣,留心绘事,其笔法短小精悍,情景逼真,其佳作为《三秋图》及各种动物,栩栩欲活"。"其子名宝德,亦工小楷。"他善画山水与走兽,其子善书法。

孙智达,"字伯慧,奉天高中毕业生,历充我邑县立第一高小教员,又充师中教员,擅图画、算术、写真,能极肖"。他是读过高中的小学教师,擅绘画。

遗憾的是,他们的绘画作品未能流传于后世,故《三秋图》等佳作,不得其详。他们是师徒传承与父子传承,传承的力度较脆弱,影响也小。

2.20世纪40年代(日伪时期)

伪满洲国于20世纪三四十年代在吉林、奉天(今沈阳)等地开办大学,培养美术人才,通化有多人毕业于这类学校,解放后一直从事美术教育与美术辅导工作。

还有多位美术人才来自关内，有深厚的传统绘画根基，多从事美术教育与美术设计、美术创作等。他们是通化美术领域的先行者，将东洋美术、西洋美术、中原美术的理论与技艺传授给年青一代，为通化美术人才的培养、美术事业的发展，起到了重要作用。

李子喻，河北固安人，1956年从抚松来通化师范任美术教师，20世纪30年代在北京师承恽南田、金北楼，是湖社画会成员，擅小写意花鸟。后调吉林省艺术专科学校任教，为著名国画家。

徐云翔，通化人，20世纪30年代就读于奉天美术专科学校，毕业后曾任通化省图书馆馆长，兼职在通化女子国民高等学校（相当于高中）教美术课，解放后一直在工艺美术部门书写牌匾，以楷书著称。

金英，吉林市人，1943年毕业于吉林师道大学美术系，教师多为日籍，主要学习西洋画。1959年从省城下放到通化市文化馆，一直从事美术辅导工作。擅水彩画、写生与连环画创作。

曹鸿欣，丹东人，1943年入吉林师道大学美术系，学习东洋画、西洋画，又得父辈真传，精通中国国画，可称之中西合璧。解放后一直在教育部门工作，从事美术教育与领导工作，为通化师院副教授、天津纺织工学院美术系主任、教授。以花鸟画创作为所长，曾到日本举办画展，颇得好评。

杨丽侠，女，哈尔滨人，1941年毕业于哈尔滨私立美术专门学院，在电影院绘电影海报，解放后一直在文化馆从事美术辅导、美术宣传工作，擅水粉画，又擅长剪纸。

3.20世纪50年代前期（新中国成立初期）

新中国成立后，美术教育走向正规，受到重视，通化所属各中学均开设美术课，有专职美术老师。他们多不是科班出身，却执着教课，培养了许许多多爱好美术的学生。

周之新，通化人，1948年沈阳辽东学院绘画系肄业，1950年回通化参加工作，长期任中学美术教师，擅长油画，又从事国画、水彩画创作。

张健群，女，集安人，1948年通化解放后参加工作，一直在中学任美术专业教师，长于美术基础知识讲授。

张洪积，柳河人，奉天省立东丰师范学校通常班读书三年，新中国成立后一直在中学任教美术课，擅长美术基础课教学。

刘惠年，河北景县人，20世纪30年代在天津劝业场从师学艺，50年代夫妻二人来通化，在北市场开一小杂货店谋生，同时收徒弟10余人教授传统工笔山水与花鸟。

龚启锐，上海人，20世纪20年代就读于上海美术专科学院，师承刘海粟。主要学习素描、解剖、透视等西画基础课程，擅作水彩画，1950年来通化，任师范学校美术教师。

4.20世纪50年代后期（"大跃进"前后）

这一时期，中国的经济、文化走向繁荣与发展，在这些美术前辈的悉心教育、指导下，许多学生的美术专业水平有了长足进步，先后走上工作岗位，从事美术教育、美术辅导与美术创作，他们成为解放后培养起来的通化市第一批美术专业人才，在后来的美术战线上成为骨干力量，发挥了重要作用。

张天录，辽宁法库人，1958年从部队转业到通化市文化部门从事美术工作。擅长版画、漫画。

曲宗燮，山东牟平人，1928年入上海美术专科学校读书，师从张大千、刘海粟，擅花鸟、山水。1959 年支边到通化，在工艺美术厂从事美术设计与美术创作，作品多次在省美展中获奖。

张中信，山东昌邑人，师从著名画家靳之林，一直在教育部门、文化部门从事美术教育、美术辅导与美术创作，擅长油画、版画。

王纯信，通化县人，先后在文化部门、教育部门从事美术辅导、美术教育与民间美术研究，从事民俗山水画的研究与创作。

葛家友，通化市人，在教育部门从事美术教育多年，后在文化局主管文化艺术工作，擅长山水画。

奚瑶玎，吉林永吉人，满族，毕业于吉林省艺术学院美术系，一直在通化市彩印厂设计室从事商标、装潢设计，任设计室主任、总工程师多年，擅长花鸟画、书法、金石。

5.20 世纪 60 ～ 70 年代（"文革"期间）

1966 ～ 1976 年的十年"文革"期间，通化市美术事业受到严重摧残，许多老先生受到批判、迫害，许多作品被当作"黑画"批判。学校停课，美术教育停滞。美术创作成为为阶级斗争、大批判服务的工具。

6.20 世纪 80 年代（改革开放时期）

1979 年，党的十一届三中全会召开，迎来了美术大繁荣、大发展的时期，同年成立白山国画会，这是吉林省的第一个画会。80 年代，组织几十位美术作者去西安、武汉、敦煌等地考察学习；请李世南、周韶华、黄秋实等著名画家来通化讲学并举办个人画展；1989 年成立通化书画院；组织"通化—丹东鸭绿江风情画展""通化—四平书画院联展""通化—东丰民间美术作品联展"等活动；举办"王纯信山水画、葛家友书法进省展""卜玉琢画展""曲宗燮画展"等联展、美展、个展等近百人次。

20世纪80年代,省多所大学成立美术系,有数百名毕业生来通化各中学、小学任美术教师,美术作者队伍得到迅速壮大,人才辈出。

二、中国画

中国画是中国的传统绘画,具有悠久的历史,新中国成立以来,通化美术界也以中国画的创作队伍为大。中国画就绘画题材分为山水、花鸟、人物三类。

1. 山水画

通化的山水画作者人数很多,其中一个重要特点是多表现长白山的自然风貌、田原风情,有浓郁的地域特色。

王纯信,致力于民俗山水画的研究与创作,将长白山的民风民俗与山水画相融合,将山区的生产习俗、节日习俗、饮食习俗、服饰习俗、信仰习俗等作为山水画创作的素材。在表现上从民间美术中汲取营养,在色彩上借鉴染色剪纸、木版套色年画的色相配伍;构图上借鉴民间剪纸中的"互不遮拦、互相挪让"手法;透视上运用多视点透视、反向透视,不强调"近大远小"……创作理念为"乡土的题材,现代的手法",将民族的、民间的、中国的、外国的造型语言都作为自己的"参照系","为我所用",形成自己的风格与面貌。其作品《福到农家》1984年参加全国第六届美展,《山民夜话》《冷艳》《走进春天》等百件作品参加全国、东三省、吉林省美展,多件获奖。1989年在吉林省举办"王纯信山水画展",受到好评。

葛家友,山水画均表现长白山自然风貌,他注意观察生活,到大自然中去采风,他创作的《担担红果下山来》《春从雪中来》《深山沟里》等,注意发现生活中的火花,具有鲜明的时代烙印。

徐树林,师从刘惠年,有扎实的传统山水画功底,笔墨精道、遒劲,坚持到长白山深入生活、观察生活、收集素材,探讨将传统笔墨与地方特色相结合,其作品既有传统功力又有地域特色,如《春风走进关东山》《逝去的梦》《乌金从这里走出》等。

杨遇春,山水画以生活为底蕴,坚持到生活中画速写,勤奋而用心,在山水画创作中速写发挥了重要作用,既是创作的依据,又在速写的基础上升华。他的山水画代表作品有《关东十月》《青山夕照》《朝族人家》等。

于树智,在鸭绿江边长大,对长白山的绿水情有独钟,擅长画山又画水,注意汲取李可染的山水画精华。其山水画作品场面大、气势大,感染力很强。代表作品有《春华图》《百宝下山》《鸭江流筏》等。

山水画作者中,老中青人才辈出,他们的作品如马英杰的《文字沟》、董常富的《长白十月》、丛培生的《玉树银花》、徐久忠的《浓荫下》、吴颜学的《白山之春》、路燕斌的《雨后》、何秀忠的《冬韵》等,均在全国、吉林省展览或发表。

2. 花鸟画

花鸟画的作者亦众多,历来这一题材为广大群众所喜爱,花鸟画长于用象征、比喻、谐音等手法,如牡丹象征富贵、荷花象征出污泥而不染、鱼为余、蝠为福等,为人们喜闻乐见。通化代表性的作者很多。

张志灵,写意花鸟多描绘松鼠、东北虎、山雀等题材,具有鲜明的地域特色。又笔墨泼辣、大气,别具一格。代表作有《父子情》《秋韵图》《白山冬野》等。

黄千,致力于长白山花鸟画的创作与理论研究,得益于郭怡孮先生指点,多次深入到山区作线描写生,在生活中获得感受并进行表现技法的探讨，创作出既具有长白山乡土气息又有独特个人风格的作品，代表作《野山花》《南国红豆》《洒满阳光的藤》等，参加全国美展，受到好评。

张国君，是后起之秀，他的工笔花鸟画以浓郁的乡土气息、精道的笔墨色彩赢得观众，一发而不可收，《雪润丰收》《灼秋》《秋思》《春曲》等连连入选全国美展。是长白山的自然风貌、乡土民情给了他以取之不尽的艺术资源，是长白山文化造就了他。

张玉东，擅长工笔花鸟，以鹿、鹅、鸭等为题材，以冬雪为衬托，线条的遒劲与渲染的精道、色彩的浑厚融为一炉，作品产生了强烈的冲击力，令观者赞叹。代表作《松江水暖》《春早》《雪鹿图》《白翎映雪》等连连入选全国美展，以鲜明的风格在美术界立足。

还有梁克复的《国色天香》、李亚君的《晴秋》、陶天普的《紫藤》、孙宝振的《园蔬湖鱼》、郭军的《黑猫》、林淑秋的《清韵》、乔轶泰的《上山虎》、郎文柏的《鸭趣》、韩刚祥的《山葡萄》、白佳芳的《稻香时节》、孙令的《密月》、陈敏的《牡丹》等，多表现传统的花鸟画题材，笔墨娴熟、色彩艳丽，受到读者的欢迎。

3. 人物画

国画人物的创作，要求有人物造型能力，懂得人物画所要求的解剖、比例、造型等技艺，所以作者较少，但是也不乏高手。

安杰，人物画作品多次参加全国美展与东三省、吉林省美展，其特点鲜明，一是题材地域特色鲜明，均取材于长白山民的生产、生活、民风民俗，这是他经常在民间体验、观察的积淀。二是在表现语言上，汲取年画的鲜丽特色，汲取油画中的体面造型又与线造型相结合。

三是内容追求"吉祥""喜庆"，为广大群众喜爱。四是造型严谨、准确、生动。他的代表作为长卷《西迁图》《初雪》《淡淡晨雾》等。

成秉羿，集安的乡土画家，致力于高句丽人物及长白山古代少数民族题材的创作，以高句丽28代王的肖像最有影响。也长于表现现实生活，有《解放区的天是明朗的天》《山乡八月》《关东朝市图》等问世。

尹国有，以高句丽风情为主题，创作出系列作品，为此，他多年来从事高句丽壁画的研究并有专著出版，从中汲取营养。就高句丽人物的头饰、服饰、鞍马、屋居等作仔细辨析，作为自己创作的依据。其代表作有《出游图》《狩猎图》《乐伎图》等，有鲜明的民族特性与个人风格。

张世新，在长白山区长大，又曾下乡多年，有丰富的生活积累，画了大量速写，收集创作素材。曾客居山东威海多年，以"山东人在东北"即"闯关东"为主线，创作出系列人物画作品，有深度、有力度，受到好评。其代表作品有《春节》《闹正月》《送姑娘》等。

刘树林，是位农民的儿子，在农村长大，所以人物画以表现农民生活为题材，生活气息浓郁。后又下大力挖掘领袖题材，画出系列领袖肖像，造型准确、气韵生动、形神兼备，代表作为《听课》《虎娃迎春》《先驱》《刘少奇》《周恩来》等。

人物画还有顾林的《朝鲜族风情》、汪永海的《翠花，上酸菜》等。

三、油画

油画是西洋画中最有影响、最有表现力的画种，在中国起步较晚，但有许多画家从事油画创作，成绩卓著。

安杰，师承胡悌麟，坚持现实主义创作原则，一是主张深入生活、体验生活、观察生活。二是精心构思，源于生活又高于生活。三是严格按传统程序勾草图、画素描稿、画色彩稿，然后上画布。四是坚持写实手法，深入刻画物象。他勤奋努力、日以继夜，创作出的油画佳作数以百计，频频参加全国大展，代表作品有《喜迎春》《日月同辉》《周恩来总理》等。

张中信，师承靳之林学习油画，有扎实的素描功底，有过硬的造型能力，油画作品取材于现实生活，有时代气息，代表作有《清溪》《白山冬》《鸭绿江上》等。

徐涛师，师从张中信，作品以写实的表现手法塑造一系列从生活中捕捉的典型形象，栩栩如生，代表作品有《东渡》《高丽咸菜》《万物之灵》等，参加吉林省美展并获奖。

杨雨，曾就读于浙江美院，擅长油画创作，多表现农村生活，其作品生活气息浓烈，画面色彩清新，雅俗共赏，作品多次参加吉林省美展，代表作品有《阳春八月》《岁月》《冬逝》等。

油画作者和他们的优秀作品尚有高润君的《烟楼子》、刘万里的《金秋》、李洪德的《白山初雪》、吴春利的《山妞》、赵宝庆的《脊梁》、赵松年的《童年》、邢军的《鸣春》、张速的《光辉岁月》、邵明库的《被遗忘的角落》、白玉中的《向日葵》等。

四、版画

版画，主要是木刻，20 世纪 60 年代在通化曾有一个不小的作者群，80 年代以后，因印拓费时费力，又受幅面制约，作者日渐减少，这一画种渐为消沉。

张天录，一直坚持版画创作，有许多好作品问世，在全国和吉林省美术界产生较大影响。他的版画多反映农村生活，借鉴民间木版年画、民间剪纸等民间美术的造型与色彩，朴实明快，具有强烈的民族风格与地方色彩。代表作有《迎春图》《新春》《山村的除夕》《北方正月》等。

张锦令，在发电厂工作，他的版画多以工业战线的生产生活为题材，富有鲜明的时代特点，如《电厂之春》《咱们工人有力量》《火花》等。

陶天普，师从张中信学习套色木套，多表现现实生活，色彩明快，构图追求装饰性，从民间版画中汲取精华。代表作品有《广积粮》《闹市》《浑江东去》等，在吉林省美展中崭露头角，受到好评。

张中珍，在中学教学之余，从事木刻创作，作品《接班人》《新手》《新老师》等多表现校园生活，朴实生动。

张中信，在从事油画创作的同时，也从事木刻创作，精典之处是致力于木口木刻的创作，细精入微。其套色木刻造型生动、线条遒劲、色彩明快。

还有牟新孝的《阳春》、刘玉民的《山里人家》、焦方成的《顺山倒》等。

近年来，有艺术院校版画专业的毕业生李英睿、胡春达来通化师范学院任教，积极从事版画教学与版画创作，李英睿的版画作品《峥嵘岁月》《震殇》等曾参加省美展。

五、年画

年画是深受群众喜爱的大众艺术，当年关内的木版年画由商人带到关东各地销售，过年时家家张贴。20世纪30年代，上海"月份牌年画"这一新样式问世，它以写实又有立体感、色彩艳丽的风采，占领了年画市场。60年代，各省美术出版社大力组织美术作者创作新年画出版发行，取得社会效益、经济效益双丰收。

安杰，自20世纪60年代起，积极参加年画创作，他先后在人民美术出版社、上海美术出版社、吉林美术出版社、辽宁美术出版社、黑龙江美术出版社等多家出版社出版年画作品130余幅。他的作品吉祥、喜庆，有浓郁的生活气息，在造型的刻画上汲取上海月份牌年画的技艺，人物真实、生动、可爱，深受大众喜爱。其代表作有《长白云雀》《迎春传禧》《松花江上》等，均在全国美展中展出。

年画作者还有王善生、王嘉喜、许传林等，都有作品出版。

六、漫画

漫画以幽默的形式，表达深刻的主题，为群众喜闻乐见，它又分为讽刺漫画、幽默漫画、哲理漫画等不同的样式。

张天录，在打倒"四人帮"后，曾创作了讽刺漫画《露底》《杂耍》《令行禁止》等，以巧妙的构思、辛辣的语言揭露"四人帮"的丑恶嘴脸，均在全国展出，受到好评。

2008 年 12 月
25 日王纯信亲
笔书写赠送程
远的新年寄语

程远,其哲理漫画誉满全国。1997年开始,他将哲理、绘画、文学三者有机结合,创作出新的漫画样式,内容富含哲理,耐人寻味,受到群众欢迎,全国有几百家报纸发表他的作品,有一百余家报纸辟有专栏,四川人民出版社还为之出版漫画集。代表作有《独辟一条路》《传承是一条河》《阿谀奉承》等。

通化还有于正泽、于宝库等作者从事漫画创作。

七、连环画

连环画当年如同年画一样,是最受群众欢迎的绘画样式,老少皆宜。

葛家友、王纯信、杨遇春1974年合作创作了连环画《参籽红似火》,由吉林美术出版社出版。

三人还合作了连环画《金达莱》,发表于1975年《中国青年》复刊号。

杨遇春、王纯信合作了连环画《乘车记》,1978年发表于《连环画报》2期。

杨遇春创作了《烽火桥头》(1981)、《江防图》(1977)、《李红光》(1993)、《不畏权贵的主管官》(1994)等连环画作品出版或发表。

八、水彩画

水彩画属于西洋画的范畴,但画具轻便,费用不高,所以在20世纪50年代受到美术界的推崇,青年学生常常带着水彩画画具到户外写生,形成一个热潮。通化当时的师范学校、初级中学的美术课都教水彩画,学习水彩静物、水彩风景等。

当时的临江中学有位孙对孚老师,新宾人,是辽阳师专美术专业毕业,擅长水彩画,培养了许多学生,其中有两个女学生石润芝、李文芳，1957年考入通化师范读书，她们的水彩画受到了老师与同学们的好评。

王善生，毕业于省艺术学院，擅长水彩画，以农村风光为题材，以冬雪为专长，创作出《老井》《农家粮仓》《金鸡秋鸣》等水彩风景佳作。

巴忠贤，中学的美术教师，毕业于通化师范，当年师从李子喻，擅长水彩画，以白山雪景系列著称，代表作有《苏醒》《渡口》《冰清玉洁》等。

卢元惠，自学成才的水彩画家，他坚持数年带着画具现场写生，为了抓紧时间，在农村租间房子，早出晚归。他的作品洋溢着泥土的芬芳，代表作有《稻田》《正月雪》《金色冬天》等，发表论文多篇。

水彩画作品还有牟新孝的《五九·六九》、高静竹的《暖冬》、殷延年的《农家小院》、王纪的《小牛》等。

九、民间美术

民间美术是与宫廷美术、文人美术相对应的美术，是来源于"下里巴人"的大众美术，它包括民间绘画、民间剪纸、民间刺绣、民间编织、民间建筑等。它以口头传承的方式延续发展，是农耕文明的载体，其技艺称之为非物质文化遗产，日益受到联合国与中国政府的重视。通化地域有丰富的民间美术资源，在这一领域的保护研究取得了丰硕成果。

1. 长白山满族剪纸

通化地处长白山腹地，是满族的家乡，满族文化的发祥地。1982年，当时在通化地区艺术馆任副馆长的王纯信，在田野考察中发现满族民间剪纸与第一位满族剪纸作者倪友芝，这一发现得到美术界、满学界的肯定。1985年在吉林省群众美展中亮相，引起很大反响；1987

年进北京举办"长白山满族民间剪纸、刺绣作品展",誉满京华。这一成果 2008 年列入国家级非物质文化遗产名录,2009 年,列入人类非物质文化遗产名录。王纯信与王纪、王全、王宏硕先后合作出版《长白山满族剪纸》(1991)、《萨满剪纸考释》(2004)、《满族民间剪纸》(2009)等相关专著多部,发表相关学术论文 20 余篇。

2. 满族枕头顶刺绣

由于满族的婚俗独特,使枕头顶刺绣绣工精、品类多、传世多,其技艺毫不逊色于中原的刺绣,使得满绣可与"苏绣"等名绣媲美。

1982 年,王纯信在长白山区首次发现满族枕头顶刺绣,找到第一位刺绣作者王和静,此后加大考察与研究力度,取得不断进展。1987 年进北京举办"长白山满族民间剪纸、刺绣作品展",展出枕头顶刺绣精品 100 余对,受到盛赞。2008 年这一成果入选国家级非物质文化遗产名录。其已合作出版专著《满族民间美术》(2000)、《满族枕头顶刺绣图鉴》(2009),发表相关论文 10 余篇。

3. 满族筐编

发祥于长白山的满族先人世居山林,用树皮、树条编筐用于生产和生活,创造了丰富多彩的编筐艺术,因编筐材料多样,用途广泛,形成筐的造型丰富、编筐的技艺繁细,具有重要的使用价值、艺术价值。

王纯信与王纪合作,于 2002 年出版专著《筐编艺术图鉴》。

4. 满族木屋

1984 年,王纯信在长白山区考察中发现满族木屋,从此跟踪考察 20 余年。2004 年完成调查报告《长白山下木屋第一村》上报给省领导,提出保护满族木屋。副省长杨庆才作了重要批示,指示对木屋进行调查与保护。

2005 年合作出版专著《最后的木屋村落》，对保护与开发木屋起到重要的推动作用。这一成果列入吉林省非物质文化遗产名录。

十、少儿美术

20 世纪 80 年代始，通化的少儿美术发展很快，教育部门、文化部门都开展各种形式的美术班、美术夏令营、街头展览等，并不收取任何费用。各小学、幼儿园均开设少儿美术课，培养出一批批小画家，他们的作品参加了吉林省少儿画展、全国少儿画展，更出国参加展览，多人获奖。

1988 年，通化市教育局、文化局联合举办"通化市少儿美术进京展"在北京少儿活动中心展出。共展出少儿绘画、木雕、石贴、编织等艺术品 500 余件。

当年的小画家及其作品有王纪的《金色的秋天》《山沟姥姥家》《暑假的记忆》，梁克航的《滑雪冠军》《到加拿大去》《我爱鸽子》，胡春达的《动物园》《星期天碰碰车》，丁岩的《过年了》，金海虹的《可爱的家乡》，于春华的《春天》等，后来分别去日本、苏联、加拿大、美国、德国等国展出，受到好评。

这些当年的小画家，均走上了艺术之路，如今多在大学任美术专业教师。

学人档案

王纯信长白山非物质文化艺术
实践之路

◎王纪

　　王纯信是来自长白山区用人类学的方法辛勤耕耘的田野工作者，他是长白山非物质文化遗产保护工作的前驱者，他终其一生致力于长白山民间美术的挖掘、研究、传承、开发，以及长白山民俗山水画的探索。作为中华子孙、长白山的儿女，他用自己的行动践行了一名中国共产党员的坚毅和奉献。

一、学术经历

　　王纯信，1939年出生于吉林省通化县快大茂子镇，是一个以满语中的"水曲柳树"命名的小镇。

　　水是眼波横，山是眉峰聚，在山清水秀的长白山地域长大，"师法自然"的艺术与文化气质融入血、铭入骨。

王纯信深入长白山区作田野考察

或许正因如此，纵使王氏家族并无人懂得水墨丹青，王纯信也遵循着心中对艺术的热爱，他手中的画笔拿起就是一生。然而，由于家境贫寒，在家人的反对下，王纯信与鲁迅美院附中失之交臂，无缘进入专业美术院校学习。现实的残忍没有击溃王纯信对于艺术的热爱，他以优秀的成绩被保送进入通化师范学校，叩响了艺术的大门。自此以后，终其一生，王纯信从未间断学习和丰富自身的造诣，他的勤奋与智慧如同和风细雨，与这方水土中的民间文化相伴相生，为其延续和发展作出了举足轻重的贡献。

1958 年正值"大跃进"，王纯信提前毕业，被分配到通化师范附中、附小任美术老师。1960 年，王纯信调到通化市文化馆工作，因政治需要，被常年抽调出来。接着社教运动，直至十年"文化大革命"，王纯信都置身于颠簸的时代之中。在筹备"大跃进"展览、阶级教育展览等的过程中，王纯信与大批美术干部同吃同住。茶余饭后，他们之间的切磋、学习为他以后的民间美术研究埋下伏笔，也为从事长白山绘画奠定了基础。

20 世纪 70 年代，王纯信组建美术团队，致力于培养长白山绘画人才。1979 年，王纯信组织创立了吉林省第一个画会——白山国画会。他带领通化地区年轻的画家群走出大山，一边深入生活，一边拜访专家，拓宽了视野与眼界。又将李世南、周韶华、高峡、黄秋实等一批知名画家请进这个边陲小城来示范讲学。他培养了一批批年轻人，为通化市美术界创造了历史性的繁荣与辉煌。

20 世纪 80 年代是王纯信在民间美术研究和民俗山水绘画方面的高峰期。

1982 年，王纯信去通化县组织群众剪纸展。展会上，他无意间在一个角落中发现了几幅独特的剪纸作品，剪纸表达的内容是团花形式的乌龟和青蛙，还有梳有典型满族大头赤和长辫子的人物。王纯信寻来了作者，原来这几幅作品是佟馆长老伴的剪纸，因为作品不入流被摆放在展厅角落中。这位作者就是今天知名的满族剪纸国家级传承人倪友芝。这是满族剪纸在国内外的首次发现，具有填补空白的重要意义。同年，王纯信去东昌区治安村调研，发现第一对满族枕头顶刺绣。从此，他开始了挖掘、寻找、研究满族民间美术的征程。他用了 30 年时间走遍了长白山区广阔地域的十几个市县、数百个乡镇村屯，在深山的木屋里、在参地的帘棚旁、在山民的热炕上、在老妪的铺衬包里寻找往昔的"宝藏"，挖掘保护长白山民族民间文化，并撰写文章，提出满族剪纸的文化概念。

1985 年在吉林省民间美术作品展览上，通化地区的满族刺绣、满族剪纸在省里大亮相，布置了满满两个大展室，在美术界、文化界引起了轰动。1987 年 2 月，"长白山满族民间剪纸、刺绣作品展"在北京民族文化宫开幕，这个展览由吉林省文化厅、吉林省民族与北京民族文化宫主办。展出满族实物枕头 60 余个，满族枕头顶刺

1987 年，"长白山满族民间剪纸、刺绣作品展"的开幕式上，王纯信向满族前辈爱新觉罗·溥杰、老舍夫人胡絜青介绍满族剪纸

绣 130 余对，同时展出满族剪纸作品 116 幅，此次展览得到启功、溥杰、胡絜青等老一辈满族专家学者的大力支持，该展览有效扩大了长白山这个满族发祥地原生文化艺术的社会影响力。此后不久，王纯信又组织成立了满族剪纸研究会。

此时，王纯信的长白山民俗山水画也进入了创作的黄金时期。他致力于民俗山水画的探讨与创作，将长白山的民风民俗与山水画相融合，将山区的生产习俗、节日习俗、饮食习俗、服饰习俗、信仰习俗等作为山水画创作的素材。在表现上从民间美术中汲取营养，色彩上借鉴染色剪纸、木版套色年画的色彩搭配，构图上借鉴民间剪纸中的"互不遮拦、互相挪让"手法，透视上运用多视点透视、反向透视，不强调"近大远小"……他的创作理念为"乡土的题材，现代的手法"，将民族的、民间的、中国的、外国的造型、语言都作为自己的"参照系""为我所用"，形成自己的风格与面貌。其作品《福到农家》1984 年参加全国第六届美展，《山民夜话》《冷艳》《走进春天》等百件作品参加全国、东三省、吉林省美展，多件获奖。

20 世纪 90 年代，王纯信创建了通化师范学院美术系，美术教育事业的大门从此开启。2000 年，王纯信将"满族民间美术"作为特设课纳入教学日程，在美术系开设为必修课，授课 80 学时；在全院开设为选修课，授课 32 学时，2 学分。至今，已有近万名学生完成该学业，该课程的学习拓宽了学生的视野，同时也为大学生就业拓宽了渠道，该课程被评为省优秀课。

2000 年至今，王纯信将多年收集整理的非物质文化遗产项目陆续申报非遗名录。2007 年，"长白山满族剪纸""长白山满族枕头顶刺绣"申报列入了吉林省非物质

文化遗产名录，2008 年 6 月，这两项又列入国家级非物
质文化遗产名录，由国务院颁发了匾牌，还由财政部拨
来专项保护经费。倪友芝老人、李淑坤老人也由文化部
命名为长白山满族剪纸、满族枕头顶刺绣传承人。此后，
王纯信凭着多年的经验和对民间文化的热爱，将调查整
理出的"长白山老把头传说""长白山满族木屋建造技
艺""长白山满族豆瓣酱酿造技艺""长白山山核桃拼贴
技艺""长白山满族医药""长白山人参故事""长白山
民歌""长白山满族高跷大秧歌""长白山红松根雕""长
白山野山蜂养殖技艺""长白山粉条漏制技艺""长白山
叶裹食品制作技艺""长白山满族过年习俗"等 13 项成
果申报列入了省级名录，吉林省人民政府为此颁发了匾牌。

　　1992 年，王纯信因结肠癌做了手术，2007 年第二
次做了肿瘤手术，2011 年因癌症第三次住进医院。2013

中国画《福到农家》
1984 年
76cm×134cm

中国画《冷艳》
1988 年
68cm×93cm

中国画《走进春天》
1995 年
69cm×138cm

年 4 月 3 日，他永远离开了我们。4 月 5 日举行了王纯信的追悼会，在清明节这个特殊的日子里，全国人民一同为他祈福送别。

二、学术成就

1. 非遗保护结硕果

1978 年党的十一届三中全会召开，改革开放的春风吹醒民族群体渴望生存发展的身心，惨遭破坏的民间文化开始复苏。20 世纪 80 年代初，改革开放的国策激励着民俗振兴，这一时期作为国家文化管理体制内的民间美术调查、收集、整理工作以及民间美术相关的社会活动和展览开始活跃。地域性的民间美术调查采风、民间美术作者发现、作品征集、集中办班创作、向社会推介展览等许多工作，都是基层文化馆的美术干部具体实施的。

中国画《山民夜话》
1989 年
69cm×69cm

20 世纪 80 年代，王纯信任通化地区群众艺术馆副馆长，主抓民间美术工作，他凭着美术素养和对民间美术价值的敏感性，发现了满族剪纸、满族枕头顶刺绣，又凭着对文化认知，提出了"满族剪纸"的文化概念。更重要的是，他拥有对民间文化抢救保护的意识和方法。东北文化资源深厚，受政治时局影响，传统文化多留存在老人的记忆中，王纯信意识到民间文化抢救保护的重要性，积极开展了全面的保护工作。这种保护意识在这个偏远的小城是超前的，当时社会主流追求的是新文化、新事物，当时的人们都用异样的眼光看待王纯信的行为。

历经 30 年辛勤的耕耘，王纯信终于等来非遗的春天。

进入 21 世纪，中国的改革开放开始呈现出乡土文明内部寻求发展之路和面对现实问题反思的趋势。2001 年联合国教科文组织公布了第一批"人类口头和非物质遗产代表作"，中国的昆曲入选。那时这项首次入选的非物质文化遗产并没有引起社会太大的反响，非物质文化遗产对中国人来说是陌生而又遥远的，人们并没有察觉到这和中国渐趋衰退的民族传统文化究竟有什么关联。但

文化部和吉林省文化厅授予保护单位通化师范学院的非物质文化遗产项目的匾额

时代的发展并不以人的意志为转移，短短三五年间，非物质文化遗产保护事业已成为标准的国家行为，围绕着中国非物质文化遗产所开展的一系列相关工作迅速普及开来：成立以国务院为统领的九部委联合的文化遗产保护协作管理模式，文化部建立了非物质文化遗产司，国家启动了中国非物质文化遗产名录的评选工作，建立了非物质文化遗产保护试点，以文化部国家文化体制系统为核心的各省市县的非物质文化遗产保护事业迅速广泛地开展起来。

新世纪民间美术的生存状况，也正是在快速发展的非物质文化遗产保护事业中开始重新得到关注。

2005 年，吉林省开展了首次非遗名录的申报工作。王纯信得到通知后，敏感地意识到这件事情的重要性，他将积累多年的民间调查情况整理后转化为非遗保护项目，从而开启了以非遗名录申报进行保护的传承方式。在王纯信不懈的努力下，长白山区的民间文化 1 项列入世界非遗名录、2 项列入国家非遗名录、13 项列入吉林省非遗名录。名录的保护使他感觉不再孤单，有了国家政策、经费的支持，多年的努力终于变成了现实。

2003 年 3 月 6 日在
双山作田野考察采访

王纯信是一个有远见卓识的人，对民族民间文化的保护方法至今仍值得我们称道。他总结出"五位一体"的保护法，即田野调查、科学研究、传承人保护、博物馆建设、教育传承同步进行。

教育传承方面，早在 20 世纪 80 年代他刚刚发现满族剪纸、刺绣的同时，便意识到民间文化传承的重要性，因此在文化部门开展了传承培训班，并推动教育局在基础教育中开设满族剪纸的课程。1991 年，王纯信调入通化师范学院组建美术系，从那一刻开始他一直在思考民间美术在大学的传承问题。2000 年他终于将满族民间美术课引入高校课堂，将满族剪纸、刺绣的非遗实践课程引入高校课堂。2011 年他提出创建满族剪纸基础教育师资培训学院，使非遗项目能够通过基础教师队伍的培训迅速得到传承和推广。如今的满族剪纸在通化地区已家喻户晓，老人们因为孩子会剪满族剪纸而感到荣耀。

今天，王纯信虽然离开了我们，他培养的团队已将接力棒牢牢握在手中，将长白山的非遗项目不断纳入教学体系：红松根雕、山核桃拼贴、松花石雕刻、靰鞡草编结、纳纱绣、补绣。如今美术学院本科生已经增加民间美术选修方向，这些非遗技艺已逐渐纳入专业必修课。更可喜的是，他申报的非遗项目在党和政府的关怀以及大量经费的支持下，逐渐得到保护，并于 2016 年启动基础建设项目。正在建设的长白山满族剪纸传习馆将迎来非遗项目和传承人的进入，它将变成大学校园中学生最迷恋的空间，因为这里有与他们的内心相连的母体文化。

王纯信在民间调查的同时十分注意民俗物品的收集工作，这些不可再生的物品是活态传承的文化见证。经历多年的积攒，2003 年，在通化师范学院建成了满族民间美术陈列馆。当时的展览馆很简陋，但它呈现的是长白山区人民淳朴的生活方式，设有民居、剪纸、刺绣、筐编四个展室，摆放着对面炕、脸盆、炕柜、油灯等实物。今天这个展馆已经扩建为长白山满族民间美术博物馆，面积扩大了，展品内容增加了，但它承载的文化观念却一直没有变。

王纯信对传承人的保护是从关心他们的生活入手的。每当在民间发现优秀的传承人，他首先关心的是他们的生活，因为生活是从事艺术创作的保障。宋春霞老人是王纯信在作田野调查时巧遇而相识的，老人对童年的剪纸记忆犹新，但生活的苦难让她没有时间再拿起剪刀。王纯信一面鼓励她继续剪纸，一面通过乡政府、县政府给予老人各种补贴，让她在家庭和村社中建立自信，让她的艺术与生活同行。用这种方式王纯信帮助了众多的传承人，用这种方式王纯信也培养了众多的传承人。随着国家对非遗的重视，2013年始倪友芝开始每年领取国家级传承人补贴经费，各种保护项目经费也使非遗保护落到了实处，传承人的保护也落到了实处。在王纯信的追悼会上，我们能够看到官员、学者、学生，还能看到众多乡村传承人朴实的身影，他们静静地，久久不肯离去。

对民间文化的关心除了对人的关注，王纯信更关切整个村庄的发展。他清楚地意识到民间文化的保护只通过教育、文化是不够的，政府的参与是至关重要的。在面对长白山区传统村落的保护及萨满意识形态的保护时，他采取参政报告的形式，2004年完成调查报告《长白山下木屋第一村》上报给省领导，提出保护满族木屋。这一报告是自1984年以来对长白山区考察中发现满族木屋村落并跟踪考察20余年，在其保护和传承出现危机时提出的保护建议。副省长杨庆才对此作了重要批示，指示对木屋进行调查与保护。2005年，他撰写了《最后

王纯信在全院公选
课上讲授满族剪纸

美术学院学生上
满族剪纸必修课

2010 年，在王纯信
教授的推动下，创
立了长白山满族剪
纸中小学美术教师
培训学院，王纯信
在开班仪式上讲话

的木屋村落》，对保护与开发木屋起到重要的推动作用。2009 年"长白山木屋建造技艺"列入吉林省非物质文化遗产名录，从此木屋的保护变成了政府行为，王纯信终于可以放心了。

30 年来，长白山区的民族民间文化，在他的百般思虑中构筑起了长白山非遗的基础框架，也形成了该地区成型的方法：保护与传承同步，挖掘与措施同步。

2.长白山民俗山水画的奠基人

王纯信对长白山非遗的贡献是出自一个文化工作者的敏感和责任心，他本人的专业和兴趣是绘画，这种遗传基因中存在的潜质是无法改变的，这也注定他一生要为之付出努力和不弃。这种天分真正得到发挥是在他对民间美术投入大量的经历和时间后，在其绘画工作中的一种顿悟。

王纯信没有进过专业美术院校学习，他对绘画的学习通过多种途径，西画、国画都不断地尝试过。在他的内心，绘画是一种表达，是对生活的赞美。1976 年，命运的安排让他认识了著名画家李世南。李世南师承国画巨匠石鲁，在与李世南密切的交往中，让他受益最深的是李世南的主张："一手伸向传统、一手伸向生活""传统、创新、放放收收""中国画的传统不仅是古往今来的中国画家的作品与学说，还包括外国的绘画、民族民间艺术，特别是要重视从民间美术中吸收营养、取之不尽。"❶ 在这种观念影响下，形成了王纯信 20 世纪 80 年代以来对民间美术的关注、挖掘、研究和保护，而民间美术的调查和研究变成了王纯信的艺术滋养，为以后绘画风格的形成奠定了基础。

---

❶ 王纯信：《笔墨情缘》，北京：北京文联出版社，2007年，第3页。

我国著名冰雪山水画家于志学看过王纯信的《长白山民俗山水》画集后，感慨地说："王纯信的画不仅具有很高的艺术价值，他的作品更具史料价值。"的确，在王纯信的作品中，呈现的是长白山区百姓在农耕时代创造的典型文化，以图像的方式加以记录，以绘画的方式对其特点加以高度概括和凝练。

仅从其作品的题目中就可以体现其史料价值：《木屋人家的厨房》《木烟囱》《庄稼饭》《猪多肥多粮多》《庭院晾晒》《苞米种》《木耳段》《人参帘子》。这些作品贵

王纯信用自己积攒多年的收藏在通化师范学院建成了满族民间美术陈列馆

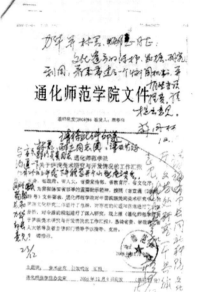

在其民俗性,它反映了长白山人的居住、生产、节日、饮食、服饰、信仰等习俗,是长白山人在山林世界中创造的文明。

生活是琐碎的,艺术源于生活而高于生活。在王纯信的作品中,"高"体现在高度概括和高度组织的构图形式,强化的是特征,大胆的虚化、舍弃及宏观的视野是画家可以做到,照相机无法实现的。

王纯信的作品题材分为三类:(1)反映长白山山林景观,主要有《白山七月有春风》《白山秋正浓》《林海印象》《岳桦》《艳阳秋》等;(2)反映木屋人家的建筑及室内外陈设,主要有《山村四月》《秋满农家》《地窝棚》《套院》《木烟囱》《木屋人家的厨房》《喜气满堂》《庄稼饭》等;(3)反映山民的秋储冬藏及生产劳作,主要有《秋满仓》《猪多肥多粮多》《苞米种》《下黄瓜》《归仓》《晒种》《自留地》《石灰窑》《引水上山》《储煤场》《人参帘子》等。这些内容从长白山的自然环境到人文环境,有宏大的气势也有感人的情节。这些作品在文化内涵上与整个地域民族同呼吸共命运,作为艺术创作,要做到

2004年,王纯信撰写"长白山木屋第一村"调查报告,上报吉林省人民政府,副省长杨庆才作了重要批示,使木屋保护受到重视

2009年,王纯信撰写工作报告"通化师范学院'萨满美术的研究与保护开发'"上报省委、省政府,省委宣传部长荀凤栖作了重要批示,在批示精神指导下,成立了吉林省萨满研究会,推动了吉林省萨满文化的保护和研究

艺术符号的本土与当代性的统一是至关重要的。这就需要艺术语言的传统和方法论的创新。

王纯信将中国画论中人大于山，民间美术中的打散构图、互相挪移互不遮拦，以及周韶华先生提出的远源移植，三种理论相融合产生了先生的长白山民俗山水画风格与面貌。

王纯信不仅是一名画家，更是一名美术活动家，他深知地域、民族文化对美术工作者的重要，深知人才的培养对长白山绘画未来发展的重要。1979年，王纯信组织成立了通化地区美协"白山国画会"，这是吉林省第

速写《庭院晾晒》
1998年作于集安
大青沟

速写《木屋人家的
厨房》
1983年作于通化县
金斗乡

212

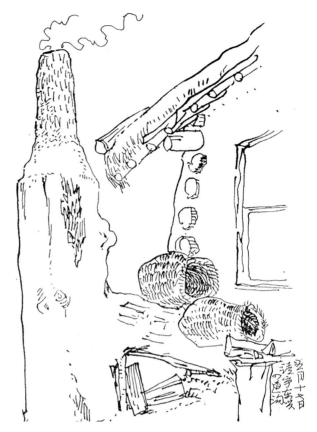

一个画会。20世纪80年代，王纯信带领白山国画会成员到长白山区写生；去西安、武汉、敦煌等地考察学习；请李世南、周韶华、黄秋实等著名画家来通化讲学并举办个人画展；1989年成立通化书画院；组织"通化—丹东鸭绿江风情画展""通化—四平书画院联展""通化—东丰民间美术作品联展"等活动；举办"王纯信山水画、葛家友书法艺术展""卞玉琢画展""曲宗燮画展"等联展、美展、个展近百人次。这些活动给大山深处的边陲小城通化注入了生机，这些活动也培养了长白山区美术界整整一代人。他的思想为长白山画派理论和实践的形成奠定了良好的基础。

3. 学术研究

王纯信对于满族文化的执着可谓是天地鉴之。30年

速写《木烟囱》
1984年作于靖
宇县四道沟

213

来王纯信始终坚持作田野考察，用人类学的方法记录民风民俗，收集民间艺术遗存，形成摄像、照相、录音、笔录各种档案；并开展长白山满族民间美术、萨满美术、长白山非遗保护与开发等课题研究，多次承担国家、省重大科研项目，取得了大量成果。

王纯信撰写的专著共计 13 部，分为三类：民间美术、民间技艺、诗词绘画。

（1）民间美术类。包括：《长白山满族剪纸》《满族民间美术》《吉林民间美术》《萨满剪纸考释》《萨满绘画研究》《满族民间剪纸》《满族枕头顶刺绣图鉴》。

1991 年出版的《长白山满族剪纸》是王纯信的第一本专著，辑入金雅贞、倪友芝、侯玉梅、于凤贤、王恒新、马桂荣等一批 20 世纪 80 年代发现的优秀传承人的作品 159 幅，作品按照始祖神话、神灵崇拜、萨满祭祀、风物传说、传统习俗、现实生活、动物植物、田园风貌分类。该书还收入了第一批小学生的满族剪纸作业，如今安锋国、纪新雪、纪新星等一批孩子已经长大，他们的人生因为童年的剪纸经历而变得丰富。《满族民间美术》和《吉林民间美术》是王纯信在对满族、朝鲜族民间文化调查不断深入、视野不断拓宽基础上的研究成果，他向人们展示了这片土地上鲜有历史记载的民间文化。

王纯信在不断的研究中发现萨满文化是北方民族艺术及其重要的组成部分，在萨满原始艺术中以图像形式留下的记录是丰富而珍贵的，对它的保护将促进萨满文化的综合研究，因此王纯信投入大量精力来收集、梳理满通古斯语族的本源文化问题，撰写了《萨满剪纸考释》《萨满绘画研究》。时任国际萨满学会副主席的白庚胜评价《萨满绘画研究》一书：王纯信经过多年积累、精密的梳理、深邃的思辨，以及丰实的艺术功力和美学修养，

使这部著作别具风采，始开系统探索萨满美术乃至萨满
艺术之先河。❶ 的确，这两本书中收入了北方萨满民族
自 19 世纪以来相关图片数百幅，是弥足珍贵的民间美术
史料。

　　长白山满族剪纸、长白山满族枕头顶刺绣是王纯信
诸多非遗保护工作之一，也是取得的诸多非遗保护成果
之一。2009 年出版的《满族民间剪纸》《满族枕头顶刺
绣图鉴》两本专著，既是多年科研成果的总结，也是多
年教学成果的总结。书中录入了田野一手资料，录入了
传承人的珍贵信息，也录入了民间技艺的学习方法。它
填补了长白山区民间美术历史研究的空白。

　　（2）民间技艺类。包括：《最后的木屋村落》《关东
山艺匠民俗风情》《筐编艺术图鉴》。

　　它们记录了长期生活于长白山区的山民与大自然和
谐相处，在共生中创作出的精湛手艺，大到木嗑楞霸王
圈的杆栏式建筑，小到山民腰间别的烟荷包嘎哒；从人

速写《多养猪、多
积肥、多打粮》
1998 年作于通化县
金斗乡下街

❶ 王纯信、王纪：《萨满绘画研究》，长春：时代文艺出版社，2003 年，第
2 页。

们生存居住到日常饮食与穿戴。《最后的木屋村落》全方
位的记录了木屋的生成，包括它的建筑结构、造型式样、
室内和庭院陈设，烟囱和火炕的搭建，柴垛的种类样式，
庭院中的种植和养殖，以及庭院生活中人的饮食、起居、
娱乐、婚俗和信仰，作者用人类学的方法和艺术家的眼
光发现和记录了东北边疆大山深处的美，这个围绕木屋
形成的世界让人们看到了长白山人曾经创造和延续的灿
烂文明。

　　著作《关东山艺匠民俗风情》中，"艺匠"是王纯信
进行 20 余年的田野调查之后提出的一个概念，是指来自
大山里的百姓，用所掌握的工艺、手艺、技艺进行的一
系列具有艺术价值的生产劳作。关东山是山海关以东的
山，也就是长白山，这里是人参、貂皮、靰鞡草三宝之乡，
是满族的家乡，是满族文化的发祥地。这里有极其丰富
的自然资源，人们在伐木、劈石、采参、捕猎、农耕劳
作的同时，进行制药、烧酒、熟皮、榨油、漏粉、锻铁、
造屋等一系列生产活动。该书记录了这些各门各类的艺
匠，他们的工艺过程是原生态的，工艺产品是绿色的、
环保的、无污染的，该书以大量的一手图片资料和与艺
匠相关的民俗风情、传说、故事、帮规行话等珍贵的文

王纯信出版的著
作及绘画作品集

216

字资料呈现给我们一个古朴的匠人世界。

（3）诗词绘画类。包括：《长白山诗词赋选注》《长白山民俗山水》《笔墨情缘》。

《长白山诗词赋选注》是王纯信在1991年与另外两位画家聂景春、徐树林共同编辑出版的长白山优秀诗篇，书中选取了97位帝王、将相、文人、游客、画家对长白山的自然风貌、名胜古迹、乡俗风情的描写和赞美。这些诗词赋最大的特点是具有强烈的画面感，原因在于当时的绘画依然追求诗、书、画、印四绝，该书是为描绘长白山的画家服务之佳作。

周韶华是王纯信的良师益友，他曾经说：作为时代的儿子，面对新的世界、新的人物，应有新的观察理解方式和新的创造行为。如果不去能动的面对新世界，就没有新理想，就没有新美的创造可言了。王纯信用自己的行动见证了一位新美的创造者，他在《长白山民俗山水》中提到：在深入长白山广阔地域写生与考察的过程中，遇到的困惑是画什么？放眼望去，生活真是太丰富了，那山、那水、那树、那云、那屋……许多景物、许多题材是在古代画家、近代画家、现代画家的画作中没有表现过的；是在古今画论、古今诗人、作家的作品中没有描述过的。这些未被发现的"新大陆"却独具长白山风貌、风情特色，这些正是我一直在苦苦寻找的地域特色文化，它能拓宽视野、拓展长白山地域的绘画题材领域。该书记录了王纯信对长白山特色的总结：岳桦、冬水、山花、民居、民俗……讲述了他绘画理论体系的构成，展示了一位画家用笔墨和色彩写出的诗篇。

有人说王纯信有超强的记忆力，其实这种记忆的精准不在于大脑而在于他不停记录的笔尖。他一生积攒下35本日记，这些日记从1959年开始，从不间断。他一生积攒下 30 本速写，他的每一件衣服里侧都缝有一个大兜，是用来装速写本的，这些速写是生活中点滴时间的积累。王纯信有保存资料的习惯，所以他多年与别人的通信、照片及手稿等均保存完好。正因为此才有了《笔墨情缘》。该书讲述了从王纯信与画家李世南相识、相知到艺术成长的经历。该书图文并茂，用历史的镜头和画卷记录了被艺术史家忽略或者不屑一顾的史料，记录了那个年代作品背后人性真实的呈现。❶

王纯信这些专著中，有三部获"中国民间文艺山花奖·学术著作奖"。他撰写的文章在《美术》《美术研究》、台湾地区《汉声》等学术刊物发表 50 余篇。王纯信勤奋踏实的工作获得联合国教科文组织与中国民间文艺家协会授予的"一级民间工艺美术家"称号，文化部授予其"民间美术开拓者"称号，吉林省人民政府为他记二等功，授予他终生成就奖。

这些荣誉是对一个拓荒者辛勤耕耘的肯定，让他欣慰。然而在刚刚收获的喜悦还没有散去之时，2012 年夏秋之季，王纯信因病被迫停止了工作。面对生命的最后期限，面对肿瘤压迫导致腿不能行动，他衣服兜里还揣着一个小记事本，随时记录着所思所想。当他生活不能自理住进医院时，他把医院为他特批的病房当作了最后的课题研究办公室。病床上贴着剪纸作品，床头上挂着蓑衣样品，自勉写下的书法条幅，让每个去探视他的人都感受到泥土的芳香，感受到时间的可贵。在病床上他完成了著作《田野考察·学者访谈·艺术实践珍闻逸事文图实录》，创刊和完成了《长白山满族剪纸报》首期的编撰工作……

---

❶ 王纯信：《笔墨情缘》，北京：中国文联出版社，2007年，第2页。

他用最后的时光总结着一生勤奋耕耘的经验，用最后的时光开启着长白山非遗未来发展的航向。

王纯信匆匆地走了，他还有很多未尽的事宜。相信他一定会在天堂里俯瞰着美丽的长白山，关注着家乡、关注着祖国的发展和富强。

2011 年王纯信获得吉林省第十届长白山文艺奖·终身成就奖

王纯信学术著作

《长白山满族剪纸》，吉林美术出版社，1991 年

《长白山诗词赋选注》（合著），吉林文史出版社，1991 年

《满族民间美术》（合著），时代文艺出版社，2000 年

《吉林民间美术》（合著），吉林美术出版社，2000 年，获中国民间文艺山花奖·学术著作二等奖

《筐编艺术图鉴》（合著），吉林人民出版社，2002 年

《萨满绘画研究》（合著），时代文艺出版社，2003 年，获中国民间文艺山花奖·学术著作二等奖

《萨满剪纸考释》（合著），时代文艺出版社，2004 年

《最后的木屋村落》（合著），吉林文史出版社、吉林美术出版社，2005 年，获中国民间文艺山花奖·学术著作三等奖

《关东山艺匠民俗风情》（主编），吉林文史出版社，2007 年

《笔墨情缘》，中国文联出版社，2007 年

《满族枕头顶刺绣图鉴》（合著），吉林文史出版社，2009 年

《满族民间剪纸》（合著），吉林文史出版社，2009 年

《长白山民俗山水》，吉林教育音像出版社，2011 年

王纯信主要美术作品

《农村女教师》（国画），吉林省建国十五周年美展，1964 年

《初春》（国画），吉林省建国十五周年美展，1964 年

《白云生处》（国画），吉林省建国十五周年美展，1964 年

《白山初绿》（国画），吉林省迎春画展，1979 年，获一等奖

《蜜流农家》（国画），吉林省农村新貌美展，1982 年，获佳作奖

《艳秋》（国画），吉林省农村新貌美展，1982 年

《飘金时节》（国画），吉林省首届农民画展，1983 年，获一等奖

《福到农家》（国画），全国六届美展，1984 年

《福到农家》（国画），吉林省参加全国六届美展汇报展，1985 年，获二等奖

《白山春》（国画），吉林省群众美展，1986 年，获二等奖

《山娇》（国画），吉林省我的家乡——松花江美展，1986 年

《冬海》（国画），吉林省我的家乡——松花江美展，1986 年

《白山春》（国画），吉林省群众美展，1986 年

《今秋参乡别样红》（国画），吉林省群众美展，1986 年

《冬海》（国画），中日美术交流展，1987 年

《冬海》（国画），东三省关东画展，1988 年

《山里红》（国画），中日美术交流展，1988 年

《山民夜话》（国画），吉林省民间美术作品展，1989 年

《春晌》（国画），全国首届风俗画大奖赛，1989 年，获荣誉奖

《封山》（漫画），吉林省建国四十周年美展，1989 年，获二等奖

《长白山天池》（国画），全国地震美术书法摄影展，1989 年

《秋满农家》（国画），吉林省群众美术大展，1990 年，获二等奖

《白山春》（国画），吉林省美展，1990 年

《春恋》（国画），吉林省当代国画家作品展，1990 年

《喜气满堂》（国画），吉林省当代国画家作品展，1990 年

《瑞雪藏金图》（国画），吉林省冰雪美术书法作品展，1992 年

《山水画》（国画），东三省老年书画联展，1992 年

《野山花》（国画），全国教师优秀美术作品汇展，1994 年，获一等奖

《山民夜话》（国画），第二届全国教师优秀美术作品汇展，1994 年

《秋晌》（国画），吉林省建国 45 周年美展，1994 年

《血染的风采》（国画），吉林省抗日胜利 50 周年书画展，1995 年

《绿珍》（国画），吉林省群星美术书法大展，1997 年，获二等奖

《春山春水春雨》（国画），吉林省群星奖作品选拔赛，1998 年，获一等奖

《长白山下》（国画），吉林省写生画展，1998 年

《秋满农家》（国画），吉林省群众美术书法摄影精品展，1999 年，获特别奖

《山民夜话》（国画），庆祝建国 50 周年吉林省美术作品展，1999 年，获优秀奖

《山花烂漫》（国画），庆祝建国 51 周年吉林省书画作品展，2000 年

《山水画》（国画），纪念抗美援朝胜利省老年书画展，2000 年，获二等奖

《春风吹绿长白山》（国画），吉林省小幅画精品展，2000 年，获二等奖

《山水画》（国画），第十届中韩长春国际美术展，2001 年，获金奖

《赤橙黄绿正是秋》（国画），吉林省美术作品展，2001 年，获二等奖

《山水画》（国画），省老年盛世中华颂书画展，2003 年，获优秀奖

《山水画》（国画），省十三届老年书画展，2004 年，获优秀奖

《青山恋》（国画），吉林省建国 60 周年美展，2009 年，获特别奖

《秋满农家》（国画），"松江风情"省国画油画展，2010 年，获优秀奖

《走进春天》（国画），关东画派第二届国画油画创作大展，2010 年

《走进春天》（国画），吉林省庆祝建党 90 周年美展，2011 年

王纯信主要书法作品

《抗联歌曲》，吉林省书法篆刻展，1984 年

《好太王碑句》，吉林省第二届书法篆刻展，1987 年

《乾隆皇帝诗》，长白山国际书法大奖赛，1988 年，获佳作奖

《为长白山写神》，吉林省建国 40 周年书法篆刻展，1989 年

《长白山民歌句》，吉林省书法篆刻展，1991 年

《林海雪海》，吉林省冰雪美术书法作品展，1992 年

后记

　　王纯信是我的父亲，他是开启我事业的领航者，在常人眼里他是师长、是伯乐、是学者，在我的眼里他更是一个慈爱的父亲，他做事有百折不挠的精神。

　　此书内容一部分是父亲在田野考察期间形成，还有一部分是父亲在病床上所写。这些手稿从整理到付梓整整酝酿了五年，在父亲去世后的五年中，我一直在忙碌父亲未尽的非遗工作，这本书多次拿出来要出版，却都因手头事情太多而放下了。我很珍视这些手稿，竭尽所能地去做该书出版所需要的一切准备工作，这个过程让我实现了与父亲的再次对话。

　　2017年，无形之间一切被启动了，那段时间身体不是很好，却让我有了属于自己的时间，开始思考书稿的出版工作。父亲生活的老房子依然保留着，那里存放着他的手稿、书籍、绘画、照片等，出版工作从整理开始，睹物思人，记忆之门被重新开启。父亲是一个文化人类学家，也是一个美术工作者，他深知图像的重要，常常跟我说："如今是一个读图的时代，一张好的图像可以解决文字难以说清的很多问题，平时一定要注重对图像的收集和保存工作。"因此，本书中大量采用的图像信息，并非文字的花边，而是运用影像人类学的方式进行的史料补充。

　　书中内容一部分是我经历的熟悉的人和事，另一部分是父亲早年的工作业绩。前者的影像资料除了多年的积累外，要感谢于志学先生和鲁平女士、远在海外的满族剪纸艺术家侯玉梅、孤顶子村的李云勤和李小刚父子、山核桃拼贴技艺的优秀传承人刘玉斌先生、民俗收藏界的黑马庄鹏先生、用满族剪纸为母亲晚年带来快乐的汤龙娇女士，他们精心保存着与父亲交往的照片及父亲当年为其撰文的稿件或出版物。同时感谢周鱻老师无偿提供的长白山魅力风光影像资料。对于后者，有些事情因年少不知情，只能在父亲浩如烟海的资料中查寻，此时，也许是缘分，让我结识了父亲当年的老友、通化县民俗摄影家王国霖，他为本书提供了多年积攒的珍贵资料。同时要感谢父亲的老朋友葛家友和陶天普先生，他们和父亲一样兢兢业业地做事，善于收集保管资料，他们为本书提供了 20 世纪七八十年代珍贵的实物及文献资料。

本书能够出版要感谢王光老师，她和父亲是同时代开始调查研究满族民间剪纸的老一辈民俗学专家，她也从事医巫闾山满族剪纸的调查和保护工作，并出版了该领域权威的学术著作。王光老师十分关心父亲手稿的出版工作，为我推荐了知识产权出版社，并由此结识了从事民俗学的专业编辑王颖超博士。在此，也真诚感谢王博士对此书耐心细致的编辑工作和付出的辛勤汗水。

感谢孙盟先生，他十分敬重父亲对长白山文化所作出的贡献，身居海外期间以电子邮件的方式，为该书命名，并对封面设计、版式安排提供了大量有效的建议。

感谢朱俊义校长倡导出版非物质文化遗产文库系列丛书和对父亲系列丛书出版计划的关注和支持。感谢杨先让、曹保明前辈为本书作序。杨先让先生适逢妻子生病住院，他边照顾妻子边抽空执笔在医院完成序言。曹保明老师得知要出版父亲手稿，打来电话，说在父亲去世后，他一直有为父亲写点什么的愿望。身在杭州出差的他，用三个晚上的时间，含着眼泪为本书撰写了序言，深刻剖析了父亲是如何由一名艺术家转变成为一位文化人类学者，又是如何为长白山非物质文化的挖掘、整理和宣传作出贡献的。

感谢副主编张玉东、王全、王宏硕、胡春达老师，是他们多年与父亲一道行走在白山黑水沟叉间，从事大量辛苦的田野工作，并为该书出版整理了大量的文字和图像信息。

没有以上专家、学者、师长、朋友、亲人的共同努力，便不会有这本《心映山峦》的问世。相信已将身心融入这块黑土地的父亲，一定能够感受到这一切！

王纪

2018 年 4 月 5 日晨